Dr. med. Dipl.-Psych. Claus Derra

Autogenes Training für zwischendurch

- Wie Sie Pausen und Wartezeiten für Entspannung und Streßabbau nutzen

- So verbessern Sie Ihre Gesundheitsbilanz

- Mit unmittelbar anwendbaren Formeln für die 30 häufigsten Beschwerden

Leserservice:
Wenn Sie Fragen oder Anregungen
zu diesem Buch haben, schreiben
Sie uns!
TRIAS Verlag
Postfach 301107
70451 Stuttgart

Lektorat:
Stefan Vieregg M.A.

Außenlektorat:
Dr. Dietmar Hoos

Zeichungen:
Friedrich Hartmann, Nagold

Umschlaggestaltung:
Cyclus · D+P Loenicker, Stuttgart

Bildnachweis:
Umschlag (vorne): Tony Stone
Umschlag (hinten): MEV
Fotos im Innenteil:
Dr. med. Dipl.-Psych. Claus Derra

Die Deutsche Bibliothek –
CIP-Einheitsaufnahme
Derra, Claus:
Autogenes Training für zwischendurch : wie
Sie Pausen und Wartezeiten für Entspannung und Streßabbau nutzen ; so verbessern Sie Ihre Gesundheitsbilanz ; mit unmittelbar anwendbaren Formeln für die 30 häufigsten Beschwerden / Claus Derra. – Stuttgart : TRIAS, 1998

Der Verlag dankt Herrn Dr. med. Dipl.-Psych.
Claus Derra, der die Fotos in eigener Regie
und auf eigene Kosten zusammen mit Frau
cand. psych. Nicola Walter als Fotomodell
verwirklichte.

Gedruckt auf chlorfrei gebleichtem
Papier

© 1998 Georg Thieme Verlag
Rüdigerstraße 14,
D-70469 Stuttgart
Printed in Germany
Satz: Fotosatz H. Buck, Kumhausen
Druck: Gutmann, Talheim

ISBN 3-89373-416-3   2 3 4 5 6

● **Zu diesem Buch**   10

● **Kapitel 1:**
  Die Grundlagen des Autogenen Trainings   13

Zu diesem Buch

Seit J.H. Schultz in den 20er Jahren in Berlin das Autogene Training entwickelte, haben viele Millionen Menschen auf der ganzen Welt dieses Entspannungsverfahren gelernt.

In der Bundesrepublik wurde vor allem durch das Kursangebot der Erwachsenenbildung, insbesondere der Volkshochschulen und der Krankenkassen, viel zur Verbreitung des Autogenen Trainings beigetragen.

Viele Psychotherapeuten und entsprechend qualifizierte Ärzte vermitteln Entspannungsverfahren in Einzel- und Gruppensitzungen zur Behandlung verschiedenster Störungen, oftmals auch unterstützend zur Psychotherapie.

Das Autogene Training ist inzwischen weit verbreitet und in seiner Wirksamkeit durch millionenfache persönliche Erfahrungen einerseits und durch wissenschaftliche Untersuchungen andererseits gut bestätigt.

Doch obwohl in den letzten Jahrzehnten viele Menschen Autogenes Training gelernt haben, zeigt die praktische Erfahrung, daß es oft nicht weiter angewendet wird, sondern wieder in Vergessenheit gerät. Die regelmäßige Anwendung der Entspannung im Sinne einer weitergehenden Selbsthilfe, z.B. zur Selbstkontrolle in Streßsituationen oder zur Beeinflussung von Befindlichkeitsstörungen, wird nur von einer geringen Anzahl von Menschen praktiziert. Auch die therapeutischen Einsatzmöglichkeiten bei körperlichen und seelischen Störungen sind wenig bekannt.

Dieser Ratgeber gibt einen praxisnahen Überblick über die verschiedenen Einsatzmöglichkeiten des Autogenen Trainings. Im Gegensatz zu anderen Büchern liegt der Schwerpunkt im Bereich der konkreten Anwendung im Alltag: zur Leistungsverbesserung, zur Bewältigung von Problemen, bei Störungen der Befindlichkeit sowie zur Linderung von Krankheitssymptomen. Darüber hinaus werden mögliche Probleme bei der konkreten

Durchführung dargestellt, Hilfen erörtert, aber auch die Grenzen dieses Verfahrens aufgezeigt.

Die Ausführungen sind so gehalten, daß auch der Leser, der noch keine Erfahrungen mit Autogenem Training (AT) hat, durch die Anwendungsbeispiele neugierig gemacht und ermutigt wird, dieses Verfahren zu erlernen.

Das vorliegende Buch wendet sich daher an Menschen,

- die das AT zur allgemeinen Verbesserung ihrer Gesundheitsbilanz und zur Erhöhung ihrer Leistungsfähigkeit lernen möchten,
- die das AT gegen Störungen ihrer Befindlichkeit (z.b. Angst, Schmerz, unruhiger Schlaf, Streß) einsetzen möchten,
- denen AT vom Arzt zur Linderung von Krankheitssymptomen »verschrieben« wurde,
- die das AT schon einmal gelernt haben, die Anwendung jedoch nicht in den Alltag übertragen konnten,
- die das AT schon beherrschen, aber dessen vielfältige Anwendungsmöglichkeiten nicht kennen und
- die konkrete Hilfestellungen für die Bewältigung von bestimmten Krankheitssymptomen suchen.

Autogenes Training kann mit diesem Buch in einzelnen Fällen durchaus im Selbststudium gelernt werden. Die meisten Menschen benötigen aber darüber hinaus eine qualifizierte persönliche Anleitung. Dieses Buch will daher einen Kurs nicht ersetzen – es stellt eine Einführung dar, führt den Leser durch viele kleine Übungen zu neuen persönlichen Erfahrungen, bietet ergänzende Hintergrundinformationen zu einem Kurs und gibt insbesondere Anregungen und Ideen zur Anwendung im Alltag. Der Leser wird dadurch unterstützt, das über mehrere Wochen Gelernte nun auch sinnvoll und konsequent einzusetzen. Da der Schwerpunkt auf der Darstellung der Anwendungsmöglichkeiten liegt, gibt das Buch auch Ärzten und Psychotherapeuten Anregungen und konkrete Hinweise für den Einsatz des Autogenen Trainings bei ihren Patienten.

Bad Mergentheim, im August 1998 *Claus Derra*

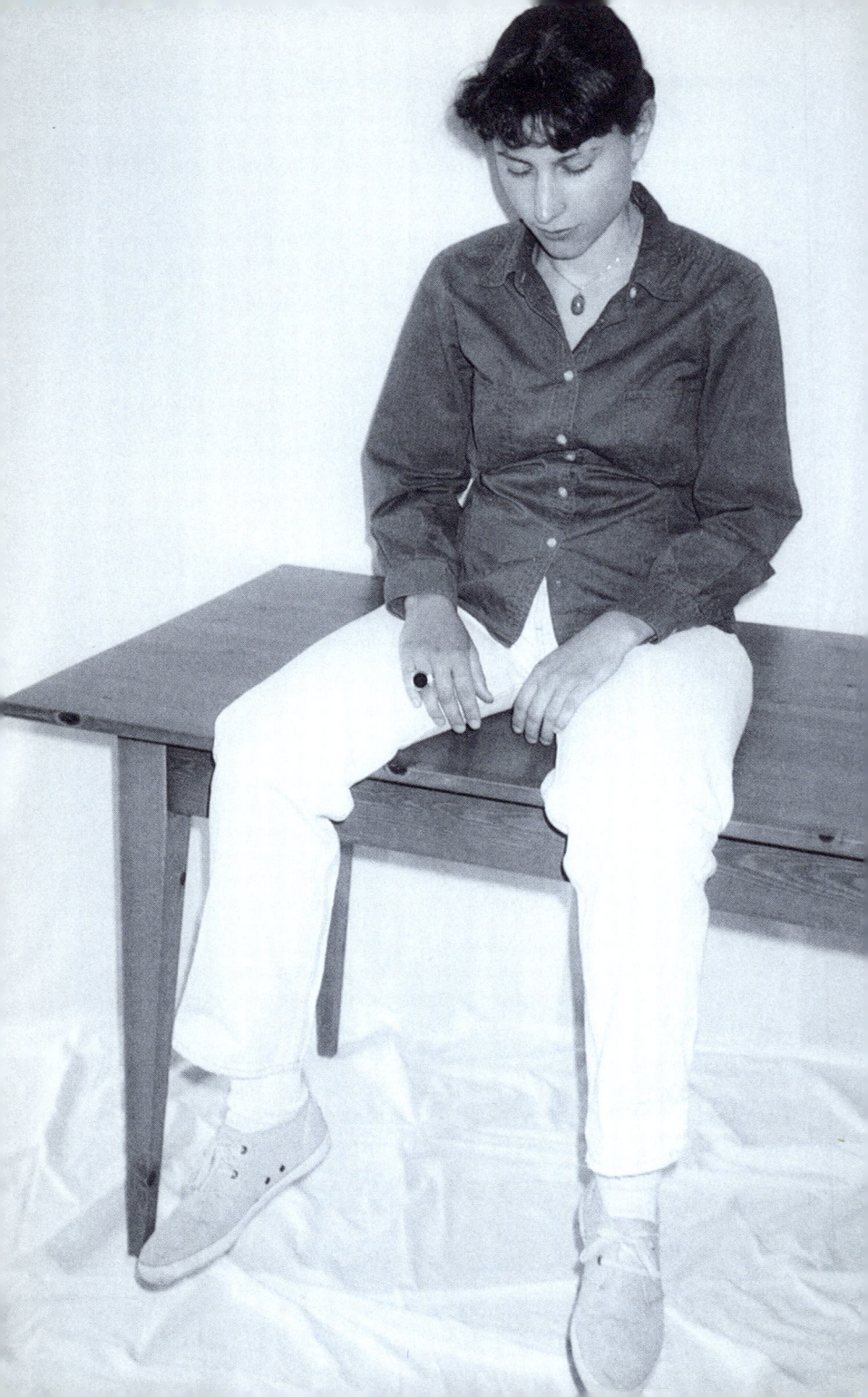

Kapitel 1

Die Grundlagen des Autogenen Trainings

In Form von kleinen Übungen lernen Sie das Wechselspiel zwischen Spannung und Entspannung kennen, machen sich vertraut mit der Bedeutung von Aufmerksamkeit, Konzentration und Training und erhalten Informationen über die Abläufe in unserem Nervensystem.

Ich stelle Ihnen die Ruhe-, Schwere- und Wärmeübung vor und mache Sie mit allen wichtigen Aspekten der Grundstufe vertraut.

◄ Aller Anfang ist schwer – aber nach einigen Wochen können auch Sie problemlos auf dem Tisch sitzend entspannen.

Nach den Organübungen beginnen wir mit dem AT zu experimentieren. Selbstbeeinflussung durch individuelle Leitsätze erweitert unsere Möglichkeiten, störende Symptome »abzuschalten« und unsere Ressourcen besser auszuschöpfen.

Das Autogene Training

Die grundlegende Idee des Autogenen Trainings entwickelte der Nervenarzt und Psychotherapeut J.H. Schultz in den Jahren 1908 bis 1912. Ausgehend von den Untersuchungen des Hypnoseforschers O. Vogt stellte er fest, daß Versuchspersonen auch ohne einen Hypnotiseur *»in der Lage waren, sich selbst durch eine Ganzumschaltung in den hypnotischen Zustand zu versetzen, eine ›Autohypnose‹ bei sich herbeizuführen«* (Schultz, 1932). Notwendig war dabei jedoch, daß diese Umschaltung vorher in einer Serie von Hypnosen »geübt« worden war. Ihm war weiterhin aufgefallen, daß in den Berichten seiner Hypnose-Patienten bestimmte Angaben besonders häufig vorkamen: Schwere- und Wärmeerlebnisse in Armen und Beinen sowie das Gefühl einer Beruhigung von Atmung und Herzschlag. Parallel zu diesen körperlichen Empfindungen wurden Gefühle von Entspannung, angenehmer Müdigkeit und innerer Ausgeglichenheit berichtet. Während viele Hypnose-Ärzte die körperlichen Empfindungen als Nebenerscheinungen ansahen, stellte Schultz sie in den Mittelpunkt seiner Überlegungen. Durch das gezielte Herbeiführen von Schwere und Wärme sollte ein der Hypnose vergleichbarer Entspannungszustand erreicht werden. Aus diesem Grundprinzip entwickelte er in den 20er Jahren das »Autogene Training«. Nachdem er diesen Begriff erstmalig 1928 in einer Veröffentlichung verwendet hatte, erschien 1932 dann eine sehr umfangreiche erste klinisch-praktische Darstellung, die bis heute das Standardwerk des AT geblieben ist.

Keine Zeit für Autogenes Training?

»Ich habe schon vor acht Jahren Autogenes Training gelernt. Nachdem der Kurs zu Ende war, habe ich es aber nicht mehr weiter geübt, ich hatte im Berufsalltag einfach keine Zeit dazu.« Solche und ähnliche Äußerungen höre ich seit Jahren von Kursteilnehmern und Patienten. Immer wieder habe ich mir Gedanken gemacht, warum die Menschen einerseits über gute Erfahrungen mit dem AT berichten, andererseits dieses Entspannungsverfahren in ihrem Alltag nicht weiter anwenden.

»Keine Zeit für Autogenes Training« kann viele Ursachen haben. Die äußeren Bedingungen sind ebenso wesentlich wie die inneren Voraussetzungen. Finde ich in meinem Tagesablauf Gelegenheit zur Entspannungsübung? Bringe ich die Bereitschaft zum regelmäßigen Üben mit? Bin ich von der Wirksamkeit des AT überzeugt? Bin ich gerne bereit, mich auf Entspannung einzulassen? »Keine Zeit« ist im wesentlichen eine Frage der Motivation!

Was bedeutet Autogenes Training im Alltag?

Die praktische Konsequenz aus den o.g. Erfahrungen war, daß es notwendig ist, von Anfang an eine »benutzerfreundliche« Form des AT zu vermitteln. Der Übende darf AT nicht als lästige Pflicht auffassen, sondern muß es als wirksam und hilfreich erleben und Spaß dabei haben. Genauso selbstverständlich wie wir unsere Zähne zweimal täglich putzen, kann auch das AT zur regelmäßigen Gewohnheit werden. Wie das Zähneputzen hat auch das AT eine Sofort- und eine Langzeitwirkung. Der Soforteffekt besteht beim AT im unmittelbaren körperlichen und seelischen Entspannungserleben, der Übende führt für kurze Zeit eine Distanz von den Eindrücken und Belastungen des Alltags herbei und erlebt einen Erholungseffekt. Für die Psychohygiene ungemein wichtiger ist jedoch der Langzeiteffekt. Die regelmäßige Entspannung führt in ihrer Wirkung weit über die unmittelbare Übung hinaus zu einem Abschirmen störender Gefühlsimpulse, zu vermehrter Ausgeglichenheit und zu einem Gefühl von Selbststeuerung und Selbstkontrolle.

> ## Wesentliche Elemente für ein alltagsnahes AT sind:
> * Kurze Übungen (zwei bis drei Minuten)
> * Übungen vorwiegend im Sitzen
> * Kräftige, aktivierende Beendigung der Übung
> * Regelmäßiges Üben im Alltag (von der ersten Woche an)
> * Keine Hilfsmittel (Kassette, Musik, Duftstoffe u.ä.)
> * Anfangs enge Anlehnung an die Originaltechnik von J.H. Schultz
> * Später Entwicklung einer individuellen Entspannungsform

Die vier Grundprinzipien des AT

Bevor wir genauer auf die praktische Durchführung eingehen, sollen zunächst die Grundprinzipien des AT (Spannung und Entspannung, Konzentration und Ruhe, Training und Lernen, Umschaltung im Nervensystem und Ausbreitung der Entspannung) erläutert und mit einigen kleinen Übungen erlebbar gemacht werden.

Spannung und Entspannung

Die Erkenntnis, daß alles Leben nach dem Grundprinzip folgt, daß auf Spannung Zustände von Entspannung folgen müssen und diese wiederum die Grundlage für eine erneute Spannung sind, ist den Menschen immer schon bekannt.

Yin und Yang

Schon die alten Chinesen haben vor beinahe 3 000 Jahren in dem Zeichen für Yin und Yang (chinesisch: »dunkel« und »hell«) symbolisch dargestellt, wie sich Gegensätze wechselseitig bedingen. Es handelt sich dabei nicht nur um ein Wechselspiel, sondern das Zeichen macht auch eine unmittelbare Abhängigkeit der Gegensätze voneinander deutlich, symbolisiert durch die beiden inneren Punkte im jeweils größeren Feld. Nach der chinesischen Philosophie werden alle Wesenheiten einem der beiden Prinzipien zugeordnet: Dem Yin entspricht das Weibliche, die Erde, die Nachgiebigkeit, dem Yang das Männliche, der Himmel, die Stärke etc.

Abb. 1: Yin und Yang

Jede Spannung beinhaltet gleichzeitig Entspannung, und das Herbeiführen von Entspannung ist ohne Spannung nicht denkbar. Bezogen auf das AT müssen wir bei jeder Übung eine gewisse Aktivität aufbringen, um einen entspannten Zustand zu erreichen.

Am unmittelbarsten sind Spannung und Entspannung für uns bei der Muskeltätigkeit zu spüren. In jeder Bewegung unseres Körpers sind beide Polaritäten enthalten: Wenn wir beispielsweise unseren Arm beugen, bringen wir Spannung in die Beugemuskulatur. Die Beugung gelingt jedoch nur, wenn wir die Streckmuskulatur auf der Außenseite des Armes entspannen.

Genauso wie bei unserer Muskulatur wechseln auch im Leben eines Menschen Spannung und Entspannung ständig ab. Beides gehört zum Wohlbefinden, zu einem harmonischen und ausgewogenen Dasein. Eine Störung dieses Gleichgewichtes, also ein Zuviel, aber auch ein Zuwenig an Spannung und Entspannung, kann uns krank machen. Beim AT lernen wir, uns von einem Zustand, in dem die Anspannung überwiegt, kurzfristig in Entspannung zu versetzen. Von der wachen Aktivitätsbereitschaft kommen wir während der AT-Übung in eine Ruhephase mit dösiger Entspannung.

Da wir in diesem Zustand nicht verbleiben können, müssen wir uns am Ende der Übung wieder aktivieren, d.h. die Entspannung zurücknehmen. Es soll dabei jedoch nicht ein Umkippen in den Aktivitätszustand einer zu starken Anspannung erzielt werden, sondern wir wollen ein neues harmonisches Gleichgewicht zwischen Spannung und Entspannung erzielen (siehe Abb. 2–4).

Dieses Gleichgewicht läßt sich auch sehr treffend mit dem Spruch »In der Ruhe liegt die Kraft« beschreiben. Ein ausgeglichener Mensch ist mit sich selbst und seiner Umwelt im Einklang, Anspannung und Entspannung halten sich die Waage, er vermittelt einen starken und harmonischen Eindruck, denn Spannung und Entspannung fügen sich zu einer Ganzheit zusammen.

Anforderungen der Umwelt, Schicksalsschläge, aber auch eigene Ansprüche, Ängste und Erwartungen können dieses Gleichgewicht stören. Je flexibler ein Mensch über das Wechselspiel von

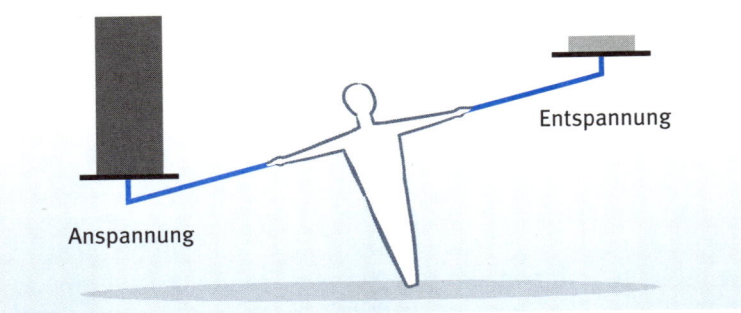

Entspannung

Anspannung

Abb. 2: Zustand der Anspannung

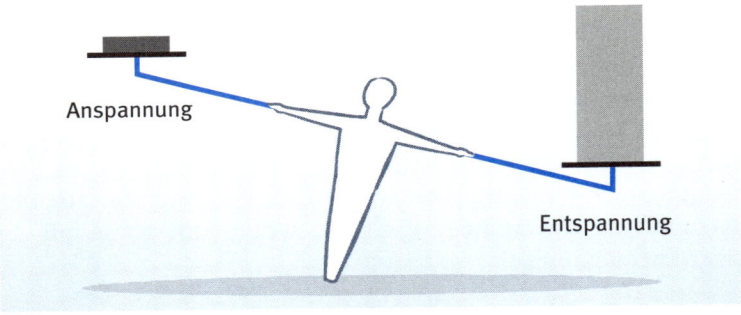

Anspannung

Entspannung

Abb. 3: Zustand der Entspannung

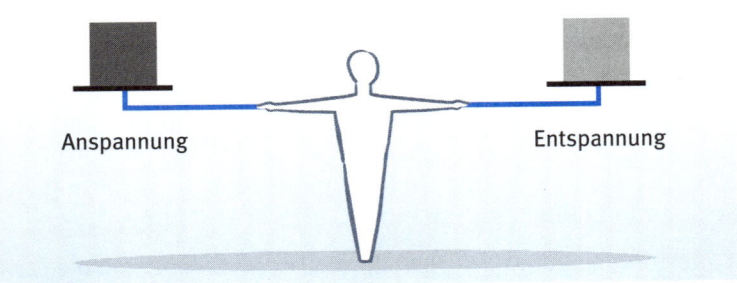

Anspannung

Entspannung

Abb. 4: Gleichgewicht zwischen Spannung und Entspannung

Spannung und Entspannung verfügt, desto besser kann er auf Belastungen reagieren, mit einer Störung fertig werden und das Gleichgewicht auf einer neuen Ebene wiederherstellen.

Entspannung ist etwas anderes als Schlaf

Ein häufiger Irrtum liegt darin, Entspannung mit Erschlaffung oder mit Schlaf zu verwechseln. Diese Extremformen sollten beim AT, das ja ein aktives Verfahren ist, nicht angestrebt werden. Treten sie dennoch auf, ist es jedoch auch kein Unglück – schlimmstenfalls schläft man während der Übung ein. Viele fühlen sich nach dem kurzen Einnicken dann beim Erwachen am Ende der Übung durchaus etwas erholt, nicht selten aber auch müde und nur wenig erfrischt. Völlige Entspannung schadet nie! Einziger Nachteil ist: Man kann die Entspannung dann nicht mehr bewußt erleben und genießen!

Etwas anders verhält es sich mit dem Gegenteil der Entspannung. Das Extrem der Anspannung wäre der Krampf oder die Verkrampfung. Dies bedeutet Blockade und schmerzhafter Stillstand. Sinnvoller Gegenpol der Entspannung kann demnach nur Bewegung, Schwingen, Rhythmus o.ä. sein. In vielen AT-Kursen werden daher neben den Entspannungsübungen auch immer wieder (sanfte) Bewegungsabläufe durchgeführt.

Zusammenfassung

AT ist kein schlaffes Sinken in Entspannung, sondern ein aktiver Vorgang des Loslassens. Indem wir mehrmals täglich gezielt einen Entspannungszustand herbeiführen, können wir das natürliche und gesunde Wechselspiel zwischen Spannung und Entspannung, zwischen Aktivität und Erholung systematisch verbessern.

Konzentration und Ruhe

J.H. Schultz gab seinem Werk über das AT den Untertitel »Konzentrative Selbstentspannung«. Konzentration bedeutet die aktive Hinwendung von Wahrnehmung und Denken auf ein bestimmtes Objekt. Beim AT bedeutet Konzentration zunächst einmal eine Einengung und Lenkung des Bewußtseins auf körperliche Vorgänge. Dies klingt relativ einfach, ist aber viel schwieriger als man anfangs denkt. Diejenigen, die einen AT-Kurs abbrechen, scheitern zumeist aufgrund ihrer Konzentrationsprobleme. Die Lenkung der Konzentration muß daher trainiert werden. Dazu zunächst eine kleine Übung.

Übung

Was passiert beim Lidschluß?

Legen Sie das Buch jetzt kurz zur Seite und schließen die Augen. Achten Sie dabei darauf, was beim Lidschluß passiert. Was verändert sich? Was geschieht mit Ihrer Wahrnehmung? Welche Sinneskanäle (Hören, Sehen, Riechen, Schmecken, Fühlen) werden aktiviert? Welche Körperteile nehmen Sie besonders wahr? Was machen Ihre Gedanken? Wiederholen Sie den Wechsel zwischen offenen und geschlossenen Augen ruhig ein paar Mal.

Sie werden vermutlich ganz unterschiedliche Dinge bemerkt haben. Viele erwarten das Erlebnis von Ruhe und sind erstaunt, daß das Schließen der Augen oft zunächst das Gegenteil bewirkt: Unser Hören wird zum Beispiel aktiviert, wir nehmen plötzlich verschiedenste Geräusche wahr, die uns vorher nicht bewußt waren. Möglicherweise spüren wir auch unseren Körper anders. Unsere Aktivität merken wir auch daran, daß uns viele Gedanken durch den Kopf gehen, für die wir vorher gar keine Zeit und Aufmerksamkeit hatten. Manche Menschen erleben den Augenschluß auch als bedrohlich oder angstauslösend. Dies liegt zumeist daran, daß der visuelle Kontakt zur Umgebung wegfällt und dies als eine Art Kontrollverlust empfunden wird. In dieser ungewohnten Situation können manche Menschen sich dann überhaupt nicht mehr konzentrieren und verspüren eine verstärkte Unruhe.

Die Konzentration auf sich selbst will daher geübt sein. Hierzu noch eine weitere Übung.

Übung

Aufmerksamkeitslenkung

Schließen Sie einmal kurz die Augen, und denken Sie dabei *nicht* an einen rosa Elefanten auf einer grünen Wiese.

Wie ist Ihnen das gelungen? Schwer, nicht wahr? Vermutlich sogar überhaupt nicht, denn sobald der rosa Elefant erwähnt wird, entsteht bei den meisten Menschen automatisch ein Bild davon. Die Aufmerksamkeit wird also schon durch den Begriff dorthin gelenkt, und der Versuch, sich genau das *nicht* vorzustellen, verstärkt möglicherweise gerade noch die Eindrücke. Schließlich muß man ja auch genau wissen, was man sich nicht vorstellen soll. Es gibt aber einen ganz simplen Trick, den rosa Elefanten mit Sicherheit zum Verschwinden zu bringen: Ich stelle mir ein rosa Eichhörnchen vor, das von Baum zu Baum hüpft. Versuchen Sie's! Es funktioniert. Sobald ich meine Konzentration auf etwas ganz Konkretes und Interessantes lenke, kann ich sie dort auch für einige Zeit halten.

Der »Aufmerksamkeitsscheinwerfer«

Ein sehr praktisches Erklärungsschema für die Aufmerksamkeitslenkung ist das Scheinwerfermodell. Unsere Aufmerksamkeit arbeitet wie ein Scheinwerfer, der seinen Strahl auf bestimmte Wahrnehmungen richtet. Im Alltag ist unser Bewußtsein oft vornehmlich auf »Sehen« eingestellt (Abb. 5, Strahl 1). Sobald wir die Augen schließen und uns dem AT zuwenden, schwenken wir den Bewußtseinsscheinwerfer beispielsweise auf die Muskeln in den Armen und Beinen (Strahl 2), andere Bewußtseinsinhalte treten in den Hintergrund.

In der folgenden Übung können Sie die verschiedenen Möglichkeiten der Aufmerksamkeitslenkung auf einfache und spielerische Weise kennenlernen. Beachten Sie dabei auch, daß es völlig in Ihrer Hand liegt, wohin Sie Ihre Konzentration lenken.

Übung

Der Aufmerksamkeitsscheinwerfer

Schließen Sie einmal die Augen und spielen Sie Beleuchtungs-
meister mit Ihrem Bewußtseinsscheinwerfer. Lenken Sie Ihre
Aufmerksamkeit zu den unterschiedlichen Wahrnehmungsin-
halten in Abb. 5. Vielleicht finden Sie auch weitere Scheinwerferziele, die unten nicht aufgeführt sind.

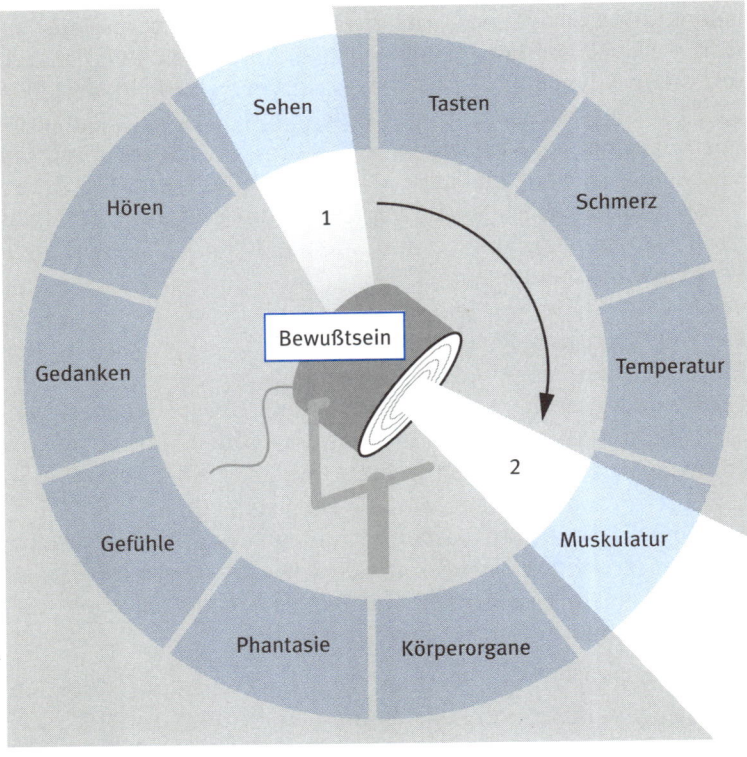

Abb. 5: Der Aufmerksamkeitsscheinwerfer

Sie haben sicherlich bemerkt, daß diese Übung nicht so einfach ist, wie sie zunächst klingt. Das Schwenken des Bewußtseinsscheinwerfers will geübt sein. Denn oftmals geht unser Bewußtsein bei Augenschluß automatisch zu unseren Gedanken oder zu irgendwelchen Geräuschen in der Umgebung und bleibt dort wie festgesogen hängen. Dies ist, wie schon erwähnt, auch eine typische Schwierigkeit für Anfänger beim AT.

Es geht beim AT nicht darum, die Aufmerksamkeit einfach irgendwohin zu lenken, sondern Wahrnehmung und Gedanken auf entspannende körperliche Abläufe zu richten. Schon allein dadurch treten diese mehr in den Vordergrund und gewinnen an Einfluß. Dies funktioniert jedoch nicht, wenn man zu sehr Anstrengung und Willen dazu benutzt, denn das bedeutet Aktivierung und wirkt der Ruhe und Entspannung wieder entgegen. Konzentrationslenkung muß vielmehr in lockerer und quasi spielerischer Form eingesetzt werden. Wenn Sie an die gerade durchgeführte Übung denken, mag Ihnen das leichter gesagt als getan erscheinen. Wie soll man denn seinen Scheinwerfer auf Entspannung lenken, wenn sich ständig irgendwelche Gedanken dazwischenschieben oder Geräusche uns in eine andere Richtung ablenken? Diese gedankliche Selbstbeeinflussung, die die Basis für das Entspannungserleben bildet, kann jedoch Schritt für Schritt trainiert werden.

Wie wird der Aufmerksamkeitsscheinwerfer gelenkt?
● Wiederholen Sie die letzte Übung mehrmals und stellen Sie dabei fest, welche Scheinwerferziele Ihnen besonders leicht ins Bewußtsein kommen.

● Jeder Mensch bevorzugt unterschiedliche Sinneskanäle, so daß sich sogar bestimmte Typen unterscheiden lassen: Visuelle Typen werden von bildhaften Vorstellungen eher angesprochen, akustische Typen bevorzugen das Hören, motorische Typen sind über die Vorstellung konkreter Bewegungsabläufe gut erreichbar. Welcher Typ sind Sie?

● Beachten Sie weiterhin, auf welche Ziele die Konzentration spontan nur sehr schwer zu lenken ist. Diese werden Sie kaum zur Aufmerksamkeitslenkung nutzen können.

● Als nächstes stellen Sie fest, welche Wahrnehmungsqualitäten für Sie angenehm und beruhigend sind und welche Sie eher stören. Pendeln Sie mit Ihrer Konzentration immer wieder zwischen den verschiedenen Qualitäten hin und her und versuchen Sie dabei, diese noch genauer zu erfassen.

● Vielleicht haben Sie es beim letzten Übungsschritt schon bemerkt: Auch störende oder unangenehme Wahrnehmungen lassen sich zur Lenkung der Aufmerksamkeit nutzen. Das Brummen des Kühlschranks, das Ticken der Uhr, der Gedanke an unsere Arbeit, der Ärger mit dem Partner, der Schmerz im Knie, all das kann uns auf die Nerven gehen und unsere Aufmerksamkeit für entspannende Wahrnehmungen blockieren. Durch das gedankliche Hin- und Herpendeln zwischen Störung und angenehmer Sinnesqualität verlieren sie jedoch einen Teil ihrer Wirkung auf uns. Wir finden mehr Distanz zur Störung.

● Das Wichtigste bei der Aufmerksamkeitslenkung ist regelmäßiges Üben. Das AT bietet Ihnen eine Technik, mit der Sie systematisch lernen, Ihre Aufmerksamkeit auf entspannende Inhalte zu lenken. Nachdem Sie nun einige Vorarbeit geleistet haben, wird Ihnen auch das AT leichter gelingen.

Zusammenfassung

Die konzentrative Selbstentspannung beim AT entsteht durch Lenkung der inneren Aufmerksamkeit auf das Erleben von Ruhe und körperlich-seelischer Entspannung. Man sollte sich dem Ruheerlebnis mit einer Art schwebender Aufmerksamkeit überlassen können. Dies muß systematisch geübt werden und kann nur entstehen, wenn der Übende einen ausgewogenen Mittelweg zwischen aktiver Beeinflussung und passivem Geschehenlassen findet.

Training und Lernen

Was verbinden Sie mit dem Begriff »Autogenes Training«? Mal ehrlich, doch sicher: Entspannung, Ruhe finden, Erholung,

locker werden, sich wohlig und warm fühlen, abschalten können – aber trainieren? Es ist erstaunlich, wie wenig das AT spontan mit Training, Lernen, sich Entspannung erarbeiten, Bereitschaft zu regelmäßigem Üben etc. assoziiert wird.

Erfreulicherweise ist das AT inzwischen jedoch so bekannt, daß
die Notwendigkeit des selbständigen Übens auch bei weniger
motivierten Menschen zu Beginn eines Kurses nicht auf großen
Widerstand stößt. Dennoch kommen viele mit einer passiven
Entspannungserwartung und müssen immer wieder zum regelmäßigen Üben motiviert werden. Oftmals ist es für den einzelnen hilfreich, in den ersten Wochen des Lernens ein Protokoll zu
führen. Ganz besonders wichtig ist auch die Würdigung des Lern-
erfolges, und seien es nur kleine Schritte. Das Durchhaltevermögen muß anfangs unbedingt gestärkt werden, denn die wirklich
umfassenderen Effekte treten erst nach einigen Übungswochen
auf.

Entspannung selbst ist im Prinzip nichts Neues, wir kennen sie
vom Mittagsschlaf am Wochenende oder vom Strandurlaub. Und
jede Nacht suchen wir im Schlaf tiefe Entspannung und Regeneration. Andererseits, wie ist es im Alltag? Können wir da jederzeit und schnell entspannen? Unter günstigen Bedingungen
kommt die Entspannung automatisch, aber wie ist das in ungünstigen Situationen? Und das ist wirklich der entscheidende
Punkt: Wir verfügen zwar grundsätzlich über die Fähigkeit zur
Entspannung, aber nicht über einen Entspannungsreflex. Wir
sind z.B. häufig von äußeren Bedingungen abhängig, wenn wir
uns entspannen wollen.

Die Alarmreaktion

Im Gegensatz dazu verfügen wir über einen höchst effektiven
Aktivierungsreflex. Die Natur hat uns mit der Fähigkeit ausge-
stattet, auf unvorhergesehene und bedrohliche Situationen reflexartig mit einem kurzen Erschrecken und dann mit einer sog.
Alarmreaktion zu antworten. Diese Alarmreaktion läuft innerhalb von Sekundenbruchteilen ab, so daß wir schnell auf eine
Belastungssituation reagieren können.

Der Entspannungsreflex

Durch das AT lernen wir, eine Entspannungsreaktion gezielt, willentlich und kontrolliert, quasi reflexartig innerhalb weniger Sekunden ablaufen zu lassen. Die Auslösung des Entspannungsreflexes erfolgt durch Signale, die möglichst kurz und einfach sind. Das AT verwendet hierzu die Worte »Ruhe«, »Schwere« und »Wärme«. Genauso wie wir gelernt haben, daß wir bei »Grün« über die Straße gehen können, können wir im AT lernen, uns auf die Worte »Ruhe«, »Schwere« und »Wärme« mehr und mehr sowie immer schneller und effektiver zu entspannen. Bei den meisten Menschen geht dabei der körperliche Entspannungseffekt dem psychischen voraus. Deshalb ist eine Wirkung auf die seelische Ausgeglichenheit in der Regel erst nach zwei bis vier Monaten regelmäßigen Übens zu erwarten.

Beim AT handelt es sich um das Eintrainieren eines Entspannungsreflexes, der später jederzeit in wenigen Sekunden aktiviert werden kann, also auch unter ungünstigen Alltagsbedingungen, in verschiedenen Körperpositionen und gegebenenfalls in Anwesenheit anderer Menschen. Die Schnelligkeit, mit der dieser Entspannungsreflex gelernt werden kann, hängt im wesentlichen von der Regelmäßigkeit des Übens ab.

Welche Bedingungen sind anfangs für ein effektives Lernen notwendig?

- Günstige Umgebung zum Üben (ungestört, ruhiger Raum)
- Einfaches Auslösesignal für den Entspannungsreflex (wenige Formeln, einfache und kurze Sätze)
- Regelmäßiges tägliches Üben
- Nicht zu hohe Erwartungen
- Nichts erzwingen wollen
- Bereitschaft zum längerfristigen Üben
- Gute, vertrauensvolle Beziehung zum AT-Trainer

Umschaltung im Nervensystem und Ausbreitung der Entspannung

Was verbirgt sich hinter diesem kompliziert erscheinenden Vorgang? Was wird hier wo umgeschaltet? Wie wird Entspannung ausgebreitet? Um dies zu verstehen, ist es zunächst einmal notwendig, einen Blick auf den Aufbau unseres Nervensystems zu werfen:

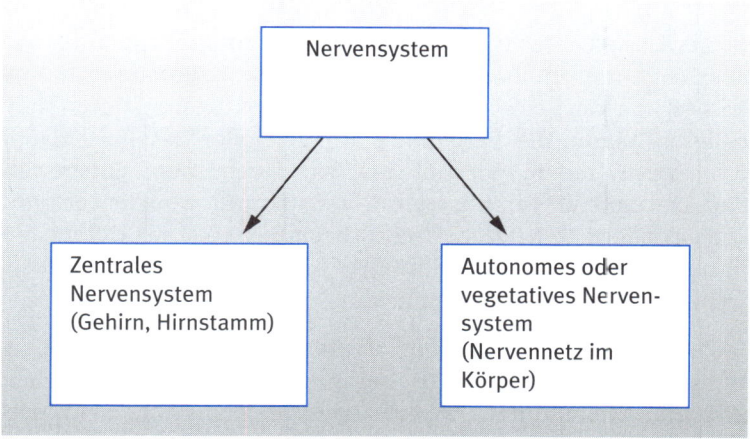

Abb. 6: Das Nervensystem

Unser Nervensystem läßt sich aufgliedern in ein zentrales Nervensystem (ZNS) und ein vegetatives bzw. autonomes Nervensystem (VNS).

Zentrales Nervensystem (ZNS) Es wird durch das Gehirn, den Hirnstamm, das Rückenmark und die davon in die Muskulatur und die Hautoberfläche ausgehenden Nerven gebildet. Das ZNS steuert alle Vorgänge, die wir willentlich und bewußt durchführen: Körperbewegungen, Sinneswahrnehmungen, Denken, Kommunikation mit der Umwelt u.ä.

Vegetatives oder autonomes Nervensystem (VNS) Man kann es sich wie ein feines Netz im ganzen Körper vorstellen. Dieses Netz bildet an einigen Stellen Knotenpunkte, an denen eine besondere Dichte der Zellen des VNS anzutreffen ist: im Hirnstamm, im oberen und unteren Teil des Rückenmarks und tief im Inneren von Brustkorb und Bauch. Das VNS reguliert alle Vorgänge im Organismus, die automatisch ablaufen, so daß wir sie nicht unmittelbar mit unserem Willen steuern können und auch nicht ständig daran denken müssen: Atmung, Herzschlag und Blutkreislauf, Verdauung, Stoffwechsel, Wärme- und Wasserhaushalt, Muskelruhetonus und Schlaf-wach-Rhythmus, um nur die wichtigsten zu nennen.

In gewissen Grenzen können wir diese autonomen Vorgänge aber doch unmittelbar beeinflussen: Wir können den Atem anhalten, unseren Kreislauf mit Kniebeugen aktivieren, durch Nahrungsaufnahme die Verdauung anregen oder das Einschlafen erleichtern, indem wir uns ins Bett legen. Dem entspricht, daß ZNS und VNS in unserem Körper natürlich nicht getrennt sind, sondern sich wechselseitig beeinflussen. Die wichtigsten Berührungspunkte liegen im Mittelhirn und im Hirnstamm sowie im Bereich des Rückenmarks.

Auch das Autogene Training als konzentrative Selbstentspannung macht sich das wechselseitige Zusammenspiel zwischen ZNS und VNS zunutze. Es verwendet als grundsätzliches Wirkprinzip die Beeinflussung der o.g. vegetativen Körperfunktionen durch unser Bewußtsein, durch unsere Vorstellung. Folgende Übung soll Ihnen das verdeutlichen.

Übung

Autonome Körperfunktionen

Schließen Sie die Augen und lenken Sie ihre Aufmerksamkeit auf die Körperregionen, in denen die o.g. vegetativen Funktionen ablaufen. Versuchen Sie einmal, etwas von den autonomen Körperabläufen zu spüren. Sie werden bemerken, daß einige Abläufe unmittelbar gut zu beobachten sind, wie z.B. die Atmung, die Muskel(an)spannung, Wärme- und Kältegefühle. Andere hingegen wie der Herzschlag oder die Verdauung sind schwieriger wahrzunehmen.

Sie können diese Übung mehrfach wiederholen oder auch unter veränderten Bedingungen durchführen und dabei darauf achten, welche vegetativen Funktionen jeweils deutlicher als sonst spürbar sind, z.b. nach dem Essen, wenn ein Gurgeln und Glucksen im Bauch verstärkte Verdauung anzeigt, oder nach körperlicher Aktivität, wenn sich der Herzschlag beschleunigt. Die vegetativen Funktionen sind die Grundlage unseres Lebens. Es muß daher ausgetüftelte Regulationsmechanismen geben, um den Organismus von Sekunde zu Sekunde neu auf die veränderten Anforderungen einzustellen, sonst würde alles schnell im Chaos enden.

Wie werden die autonomen Funktionen gesteuert?

Da wir das VNS nicht mit unserem Willen beeinflussen können, werden die Abläufe dort durch zwei gegenläufig wirkende Regelsysteme gesteuert: Das sympathische und das parasympathische Nervensystem bzw. Sympathikus und Parasympathikus.

Diese beiden Nervensysteme sind überall im Körper anzutreffen und bilden in ihrer Gesamtheit das Netz des VNS. Dabei gibt es einzelne Regionen mit einer hohen Dichte an Zellen des Sympathikus und solche, an denen hauptsächlich Parasympathikus-Zellen liegen. Ein großer parasympathischer Nervenknoten ist beispielsweise das sog. Sonnengeflecht (Solarplexus) im oberen Bauchraum.

Sympathikus   Seine Aktivierung bedeutet, daß alle Organsysteme in Richtung Leistungsbereitschaft »geschaltet« werden. Durch Erhöhung von Puls, Blutdruck, Muskeldurchblutung, Atmung, Blutzucker etc. werden die Energiereserven des Körpers mobilisiert. Anspannung, Aktivität, Reaktions- und Leistungsbereitschaft kennzeichnen die Sympathikuserregung. Diesem Teil des Nervensystems sind auch die Alarmreaktionen zuzuordnen, eine länger anhaltende Alarmreaktion bezeichnen wir als Streß. Wesentliches Hormon zur Übertragung von Nervenimpulsen im sympathischen Nervensystem ist das Adrenalin.

Parasympathikus   Die Aktivierung wirkt sich aus in Form von Ruhe, Erholung, Entspannung, Regenerieren. Die dabei feststellbaren körperlichen Veränderungen bestehen z.B. in Blutdruck-

senkung, Verlangsamung des Herzschlages, Atmungsverlangsa-
mung, Senkung des Spannungszustandes im Skelettmuskelsy-
stem, Erwärmung der Haut, Pupillenverengung, Speichelfluß,
Aktivierung der Verdauung, Verminderung der allgemeinen
Wachheit.

	Sympathikus bewirkt	Parasympathikus bewirkt
Pupillen	Erweiterung	Verengung
Atem	Beschleunigung + Vertiefung	Verlangsamung + Abflachung
Herzschlag	Beschleunigung	Verlangsamung
Blutdruck	Erhöhung	Herabsetzung
Blutgefäße	Verengung	Erweiterung
Durchblutung der Muskulatur	Erhöhung	Verminderung
Durchblutung der Haut	Verminderung	Erhöhung
Darmtätigkeit	Hemmung	Anregung
Magensäure	Verminderung	Erhöhung
Muskeltonus	Steigerung	Herabsetzung
Stoffwechsel	Verbrauch	Aufbau
Blutzucker	Erhöhung	Verminderung
Cholesterin	Erhöhung	Verminderung
Blutgerinnung	Steigerung	Minderung

Abb. 7: Wirkungen von Sympathikus und Parasympathikus

Sympathikus und Parasympathikus befinden sich also in einem
ständigen Wechselspiel und passen so unseren gesamten Organismus an notwendige Aktivierung oder Entspannung an.

AT und Parasympathikus

Beim AT erfolgt (zunächst über den Umweg der Muskulatur und der Blutgefäße, später dann reflexartig durch den Beginn der Übung) eine Aktivierung des parasympathischen Nervensystems, so daß der Körper (und später dann auch die Psyche) von Anspannung auf Entspannung umschaltet.

Entspannung ist also ein aktiver Vorgang, der sich in einer verstärkten Tätigkeit des parasympathischen Nervensystems ausdrückt. Die Aktivierung des Parasympathikus und die damit verbundene Dämpfung des Sympathikus können Sie während der Übung z.B. auch an vermehrtem Speichelfluß im Mund, verstärkten Darmgeräuschen oder Flattern der Augenlider bemerken. Diese Phänomene sind harmlose Nebenerscheinungen, Sie sollten sie nicht als störend empfinden, sondern vielmehr als Hinweis darauf werten, daß bei Ihnen ein körperlicher Entspannungsprozeß eingesetzt hat.

Da einzelne Körperfunktionen nicht getrennt voneinander gesehen werden können, sondern eine Einheit bilden, werden sich die an einem Körperteil erzielten Effekte tendenziell generalisieren. Die Ursache für diese Generalisierung liegt darin, daß das VNS den ganzen Organismus wie ein Netz durchzieht, so daß sich Veränderungen an einer Stelle wie bei einem Mobile ausbreiten.

Generalisierung

Generalisierung bedeutet:

● Wenn ich mich auf ein Schweregefühl im rechten Arm konzentriere, wird sich dieses im Laufe der Zeit auf den linken Arm, auf die Beine, auf den ganzen Körper ausbreiten.

● Wenn ich ein Organsystem im Körper anspreche, z.B. die Atmung, werden sich die Effekte auch auf die anderen Organsysteme auswirken.

● Wenn ich den Parasympathikus aktiviere, habe ich nicht nur mit Entspannungseffekten zu rechnen, sondern auch mit nicht unmittelbar erwünschten Effekten, da das vegetative Nervennetz immer in seiner Gesamtheit reagiert.

● Je mehr die parasympathische Aktivität generalisiert wird, desto tiefer ist das Entspannungserleben.

● Körperliche Entspannungseffekte werden sich im Laufe der Zeit ins Psychische generalisieren.

● Die während der AT-Übung erzielten Effekte (z.B. Wärme, psychische Ausgeglichenheit) wirken über die Dauer der eigentlichen Übung hinaus und führen zu einem insgesamt entspannteren Alltagsverhalten.

Zusammenfassung

Die Wirkung des AT beruht auf dem Eintrainieren eines Entspannungsreflexes. Die reflexartige Umschaltung von sympathischer Aktivität auf eine parasympathische Entspannungsreaktion muß systematisch geübt werden. Wir beginnen dazu an einer einzelnen Körperregion und generalisieren die Entspannung von da aus auf den ganzen Körper und später auch auf die psychischen Funktionen.

Wie wird AT gelernt? – Voraussetzungen und Vorübungen

Nachdem wir nun die wesentlichen Grundprinzipien des AT kennengelernt haben und auch in einigen kleinen Übungen schon erste praktische Erfahrungen mit den Mechanismen der Entspannung sammeln konnten, wollen wir uns dem Autogenen Training selbst zuwenden.

Schultz hatte das AT im Sinne einer Selbsthilfemöglichkeit entwickelt und eine einfache und alltagsnahe Form propagiert. In schrittweise aufeinander aufbauenden Übungsabläufen sollte ein systematisches Erlernen der im Grundlagenteil dargestellten organismischen Umschaltung und des Entspannungsreflexes erfolgen. Wichtig war dabei die selbständige Übertragung der Übungserfolge während der Gruppenstunde in den Alltag des einzelnen.

In diesem Ratgeber beziehen wir uns auf diese erprobte und wissenschaftlich in vielen Untersuchungen abgesicherte Originalform des AT nach J.H. Schultz.

Das bedeutet:

- kurze, selbständige Übungen,
- untertags im Sitzen mit Rücknahme,
- abends im Liegen zum Einschlafen ohne Rücknahme,
- keine weiteren Hilfsmittel.

Lediglich in der Reihenfolge der Organübungen haben wir eine gut begründbare Veränderung vorgenommen.

Welche Voraussetzungen gibt es für das Erlernen des AT?

Die wesentliche Voraussetzung haben Sie mit dem Lesen dieses Buches schon erfüllt! Sie besteht nämlich in der Motivation, im Interesse am AT und in der Bereitschaft zum Lernen und regelmäßigen Üben. Am besten hat sich dabei eine mittlere Motivationslage bewährt. Zu wenig Motivation wird schnell dazu führen, daß man auf erste Schwierigkeiten mit Enttäuschung reagiert, das Interesse verliert und das regelmäßige Üben vernachlässigt. Zu viel Motivation kann jedoch genauso problematisch sein: Zumeist treten dann sehr hohe Erwartungen auf und erste Schwierigkeiten werden negativ verarbeitet. Zu starkes Engagement beim Üben bewirkt zudem zuviel Anspannung. Je mehr ich mich aber anstrenge, um mich zu entspannen, desto weniger wird es mir gelingen. Das ist wie mit dem Schlaf: Je mehr ich unbedingt einschlafen will, desto wacher werde ich.

Entspannung läßt sich nicht erzwingen

- Gehen Sie das AT engagiert, aber locker an.
- Erwarten Sie insbesondere anfangs nicht zu viel.
- Reagieren Sie gelassen auf mögliche Schwierigkeiten.
- Zeigen Sie Durchhaltevermögen.

Weitere günstige Voraussetzungen sind gute Vorerfahrungen mit Entspannung und eine Bereitschaft, sich mit den eigenen Körpervorgängen auseinanderzusetzen. Ungünstig ist ein großer Problem- und Leidensdruck. Es hat z.b. keinen Sinn, bei einer ausgeprägten Prüfungsängstlichkeit zwei Wochen vor der nächsten Prüfung mit dem AT zu beginnen und dann Erfolge zu erwarten. Es ist auch unrealistisch zu glauben, daß Sie Ihre seit 15 Jahren immer wieder auftretenden Kopfschmerzen oder die seit drei Monaten anhaltenden Rückenschmerzen ohne weiteres in den Griff bekommen werden. Phasen mit sehr starkem Leidensdruck sind ungünstige Lernzeitpunkte. Gerade anfangs sollte Entspannung überwiegend von angenehmen Gefühlen begleitet sein.

Die Ziele sollten also realistisch gesteckt werden. Zuverlässige Entspannung wird schon nach wenigen Wochen erreichbar sein, Hilfe bei schwierigeren Problemen dauert aber ihre Zeit. Günstig erscheint es, wenigstens drei bis vier Monate vorher AT zu lernen. Lassen Sie sich also Zeit!

Das Alter
Das Alter des Übenden spielt als Vorbedingung keine Rolle. Im Gegenteil, es gibt wohl kaum ein anderes Verfahren, das wie das AT von der Kindheit an bis ins hohe Alter gelernt werden kann. Die jüngsten Versuchspersonen bei wissenschaftlichen Untersuchungen waren vier Jahre alt.

Persönliche Fähigkeiten
Obwohl das AT auf konzentrativer Selbstentspannung beruht, müssen Sie kein Weltmeister im Konzentrieren sein. Auch eine besondere geistige Leistungsfähigkeit und Intelligenz sind nicht erforderlich. Es geht eher um Begriffe wie: Selbstkontrolle, Selbstverfügbarkeit, Selbstdisziplin.

Wer ist ungeeignet?
Im Grunde haben Sie, wenn Sie diese Zeilen lesen, schon den Beleg dafür, daß Sie geeignet sind. Ungeeignet ist nur derjenige, bei dem die Selbstverfügbarkeit extrem eingeschränkt oder aufgehoben ist. Dies kann bei bestimmten, sehr gravierenden psychi-

schen Störungen der Fall sein. Absolute »Kontraindikationen« gibt es ansonsten für das AT nicht. AT schadet auch nicht! Allenfalls kann es unwirksam sein, wenn die Voraussetzungen nicht stimmig sind. Im Einzelfall wird es wesentlich vom Kursleiter abhängen, inwieweit er in der Lage ist, den Übenden bei schwierigeren Problemen trotzdem zu einem zufriedenstellenden Entspannungserlebnis zu führen.

Die Einstellung zum AT und zum Kursleiter

Eine wichtige Voraussetzung sollte noch erwähnt werden: Die positive Grundeinstellung zum AT. Wer AT lernen will, sollte nach einigen Übungen zu der Entscheidung kommen, daß AT das Richtige für ihn ist. Zu große Skepsis führt zu Enttäuschungen. Auch das Gefühl, beim eigenen Kursleiter richtig zu sein, Vertrauen in dessen Fähigkeiten und Vorgehensweisen zu haben, ist unbedingt notwendig.

Vorübungen

Es hat sich bewährt, einige Vorübungen durchzuführen, bevor mit dem Lernen des eigentlichen AT begonnen wird. Dadurch werden die Grundprinzipien vorab unmittelbar erlebbar und es entsteht kein so starker Leistungsdruck. Denn dann wird deutlich, daß es zunächst um Wahrnehmung und Erleben geht, und nicht darum, Erfolge zu zeigen.

Die Vorübungen dienen nur als anfängliche Hilfestellungen, sollten aber nicht anstatt des AT angewendet werden. Bei manchen wirkt z.B. das unten dargestellte Zitronenexperiment durchaus entspannend. Es wäre aber unpassend, es als Übung in den Ablauf des AT einzubauen.

Übung

Das Zitronenexperiment

Stellen Sie sich, während Sie diese Zeilen lesen, das Bild einer reifen, gelben, saftigen Zitrone vor. Bitte nur in der Vorstellung, keine echte Zitrone nehmen! Versuchen Sie sich ganz auf dieses Bild einzustellen und beobachten Sie gleichzeitig, was sie körperlich fühlen und was Sie denken. Teilen Sie nun in Ihrer Vorstellung die Zitrone in zwei Hälften und schauen Sie zu, wie der Saft aus der reifen, gelben Zitrone spritzt. Nehmen Sie eine Zitronenhälfte und riechen Sie daran. Achten Sie dabei immer wieder auch auf Ihre körperlichen Reaktionen und auf Ihre Gedanken. Führen Sie nun die Zitronenhälfte zu Ihren Lippen und schmecken Sie ein wenig an der saftigen Zitrone, benutzen Sie dazu auch Ihre Zungenspitze. Dann öffnen Sie leicht den Mund und beißen etwas in die Zitrone hinein. Der Saft spritzt heraus. Ihr Mund öffnet sich weiter und Sie beißen kräftig in die Zitronenhälfte hinein. Achten Sie abschließend noch einmal auf das, was Sie körperlich empfinden und lassen Sie das Erlebte kurz in Gedanken nachwirken.

Ohne die Übung konkret durchzuführen, erleben viele Menschen allein beim Lesen dieser Zeilen, daß sich im Mund vermehrt Speichel bildet, man muß öfter schlucken, die Muskulatur um den Mund und im Gesicht verzieht sich, manche riechen sehr intensiv die Zitronensäure oder schmecken die Säure im Mund, andere bekommen eine Gänsehaut. Zitronenliebhaber erleben die Übung angenehm und beißen gerne hinein, Menschen mit Abneigung gegen allzu Saures schüttelt es am ganzen Körper, sie »können« nicht hineinbeißen und haben unangenehme Gefühle und Gedanken dabei.

Dieses kleine Experiment macht folgendes deutlich:

● Auf das gleiche Bild einer Zitrone reagieren Menschen mit sehr unterschiedlichen Empfindungen. Dies ist auch beim AT so: Auf die für alle gleichen Anfangssätze »Ich bin ganz ruhig« und »Mein rechter Arm ist schwer« reagiert jeder Mensch etwas anders. Es gibt kein Standardentspannungserlebnis, sondern jeder erlebt seine ganz persönliche Entspannung. Dies ist natürlich durch eigene Vorstellungen und Vorerfahrungen bedingt.

● Wesentlich bei solchen Übungen ist, daß man sich einerseits auf das vorgegebene Bild in der Vorstellung konzentriert. Andererseits sollen gleichzeitig die dabei entstehenden körperlichen Veränderungen sowie Gefühle und Gedanken beachtet werden.

Man nennt dieses Vorgehen die »teilnehmende Beobachtung«. Bei allen körperlich-seelischen Veränderungsprozessen spielt diese Fähigkeit eine wichtige Rolle. Sie ist daher auch ein wichtiges Wirkprinzip beim AT und wird dort systematisch trainiert: Nur wenn ich bei der Vorstellung »Mein rechter Arm ist schwer« tatsächlich auch darauf achte, was in meinem rechten Arm geschieht, werde ich eine entsprechende Änderung beobachten können.

● Die Wirkung des Zitronenexperimentes hängt natürlich sehr davon ab, wie gut ich meine Aufmerksamkeit auf die Zitrone lenken kann. Menschen, die ihren Aufmerksamkeitsscheinwerfer auf die Zitrone einengen und dort halten können, berichten intensivere Erlebnisse und Körperveränderungen. Die Aufmerksamkeitslenkung wurde schon als wichtiges Wirkprinzip des AT dargestellt und wird durch das Zitronenexperiment noch einmal beispielhaft deutlich gemacht.

● Die allerwichtigste Erkenntnis aus dem kleinen Experiment ist der Nachweis der »Kraft der Gedanken«. Wir haben keine Zitrone vor uns liegen, deren Bild und Duft uns beeinflussen konnte. Wir haben uns das Bild lediglich vorgestellt. Unsere Vorstellungen haben mehr oder weniger intensive körperliche Reaktionen ausgelöst, die wir dann wahrnehmen konnten. Allein die Tatsache, daß uns eine innere Vorstellung das Wasser im Munde zusammenlaufen läßt oder unsere Muskeln anspannt, belegt, welche Kraft unsere Gedanken besitzen. Auch das AT beruht darauf, daß sich Vorstellungen (in der Gestalt von Sätzen oder Formeln wie »Ich bin ganz ruhig«, »Mein rechter Arm ist schwer«) in körperliche Reaktionen umsetzen. Dies wurde von wissenschaftlicher Seite für die meisten Organsysteme des Körpers belegt.

Die Körperfühlübung

Eine wesentliche Voraussetzung für die Entspannung ist eine bequeme Sitzhaltung und lockere Kleidung (Gürtel und Kragenknopf öffnen!). Es hat sich bewährt, daß die Kursteilnehmer sich nicht einfach in eine vorgegebene Körperhaltung hineinbegeben, sondern daß sie sich das Sitzen in Form einer Körperfühlübung erspüren und selbst erarbeiten. Die Übung dient also dazu, die Wahrnehmung auf sich selbst zu lenken und den Körper schrittweise vom Fuß bis zum Kopf durchzugehen. Dabei können die wahrgenommenen Körperregionen in ihrer Position jeweils so verändert werden, daß ein möglichst bequemes Gefühl entsteht. Die Übung ist naturgemäß kaum alleine durchzuführen, man kann sich aber nach einmaligem Durchlesen das Grundprinzip klarmachen und dann eine Übung selbst versuchen.

Übung

Die Körperfühlübung

Setzen Sie sich auf Ihrem Stuhl so hin, daß Sie das Gefühl haben, bequem zu sitzen. Nun schließen Sie die Augen. Konzentrieren Sie sich jetzt zunächst einmal auf Ihren Atemrhythmus und spüren Sie den Wechsel zwischen Ein- und Ausatmung.

Nach einigen ruhigen Atemzügen lenken Sie die Aufmerksamkeit auf Ihre Füße. Spüren Sie einmal nach, wie der Kontakt zwischen Ihren Fußsohlen und dem Boden ist. Haben Sie das Gefühl, mit beiden Füßen sicher auf dem Boden zu stehen? Wenn Sie möchten, können Sie die Stellung der Füße verändern, so daß Sie einen sicheren Stand haben. Experimentieren Sie ruhig ein wenig und probieren Sie aus, welches für Sie die angenehmste Position Ihrer Füße ist. Achten Sie dabei auch darauf, ob Sie sich in Ihren Schuhen wohl fühlen.

Wenn Sie das Gefühl eines sicheren Standes auf beiden Füßen haben, wandern Sie mit Ihren Gedanken langsam im Körper aufwärts, über die Knöchel, die Unterschenkel – und richten Sie dann Ihr »inneres Auge« auf Ihre Knie. Haben Sie dort eine angenehme Position? Sind die Knie im richtigen Abstand? Zu weit auseinander oder zu eng zusammen? Wie ist der Winkel zwischen Ober- und Unterschenkel? Zumeist ist ein mittlerer Abstand und ein Winkel von etwa 90 Grad die günstigste Voraussetzung für eine gute Entspannung.

Wandern Sie dann mit Ihrem inneren Auge weiter nach oben (Oberschenkel, Gesäß, Rücken, Schultern, Arme und Hände) und versuchen Sie, in ähnlicher Form eine angenehme Sitzhaltung herauszuspüren. Wichtig ist, daß Sie auch den Kontakt zu Sitzfläche und Stuhllehne als bequem und unterstützend wahrnehmen können. Der Rücken sollte leicht angelehnt sein, die Schultern locker, die Arme leicht gebeugt, die Hände sollten sich nicht berühren, sondern locker auf oder zwischen den Oberschenkeln liegen. Die meisten Schwierigkeiten macht anfangs der Kopf. Es empfiehlt sich, ihn gerade zu halten, Gesicht nach vorne. Mit etwas Experimentieren finden Sie sicherlich eine Mittelposition, in der der Kopf erstaunlich stabil und entspannt ruhen kann. Später wird er dann automatisch nach vorne sinken.

Nach dieser kleinen Wanderung durch den Körper spüren Sie noch einmal abschließend, wie sie sich insgesamt fühlen. Ob Sie in dieser Sitzhaltung ein entspanntes und sicheres Gefühl haben. Oder ob Sie noch etwas verändern wollen.

Bevor Sie die Augen nach dieser Körperfühlübung wieder öffnen, strecken und dehnen Sie sich etwas, um sich wieder zu aktivieren.

Diese Vorübung sollte Ihnen folgendes verdeutlichen:

● Sie haben gerade wieder mit Ihrem Aufmerksamkeitsscheinwerfer gearbeitet und ihn diesmal ganz auf Ihren Körper gerichtet. Vermutlich haben Sie bisher selten so intensiv auf ihre Körperteile geachtet.

● Möglicherweise haben Sie erleben können, daß kleine Änderungen der Körperhaltung erstaunliche Effekte bewirken können.

● Zur Vorbereitung der Entspannung ist es sinnvoll, auf eine bequeme Körperhaltung zu achten, da Störimpulse aus dem Körper die Aufmerksamkeit von der Entspannung weglenken können.

● Wenn Ihnen später während der Entspannungsübungen irgend etwas unbequem ist oder Sie irgend etwas stört, sollten Sie dies verändern. Wenn es Sie juckt, kratzen Sie. Wenn eine Fliege auf der Nase sitzt, verscheuchen Sie sie. Wenn Sie niesen müssen, niesen Sie. Wenn Sie irgendwo verspannt sind, bewegen Sie die Muskeln dort etwas zur Lockerung etc.

Bevor wir nun zum eigentlichen Übungsablauf kommen, noch ein Hinweis: Nur wenige Menschen können AT alleine mit einem Buch ausreichend effektiv lernen. Als Leser dieses Ratgebers sollten die meisten von Ihnen daher die Grundübungen wenigstens einmal in einem Kurs lernen. Wer schon einmal einen Kurs gemacht hat, kann jedoch durchaus mit diesem Ratgeber alleine sein Können auffrischen und weiterarbeiten.

Der Übungsablauf des AT

Wir beginnen mit der Ruhe- und Schwereübung, die Wärmeübung wird in einem zweiten Schritt hinzugenommen. Dies hat sich vielfach bewährt, offensichtlich finden die meisten Menschen über Ruhe- und Schwerevorstellungen einen leichteren Einstieg. Die Übungen werden überwiegend im Sitzen durchgeführt, dauern ca. drei Minuten und werden mit kräftigen Bewegungen der Arme zurückgenommen, d.h., die Entspannung wird durch eine Aktivierung des Körpers beendet. Nach Umschaltung auf den Parasympathikus wird wieder auf den Sympathikus zurückgeschaltet. Bitte halten Sie während der Übung den Mund frei, damit Sie sich nicht verschlucken.

Die Ruhe- und Schwereübung

Anfangs sollten Sie sich für den Übungsbeginn etwas Zeit nehmen und in einem möglichst ruhigen Raum üben, in dem Sie nicht gestört werden.

● Nehmen Sie eine entspannte, angelehnte Sitzhaltung ein. Sie sollten sich dabei an der folgenden Abbildung orientieren. Auch durch die Körperfühlübung haben Sie eine bequeme Haltung schon vorbereitet.

● Schließen Sie die Augen und konzentrieren Sie sich innerlich auf die Formeln:

- Ich bin ganz ruhig
- Mein rechter Arm ist schwer

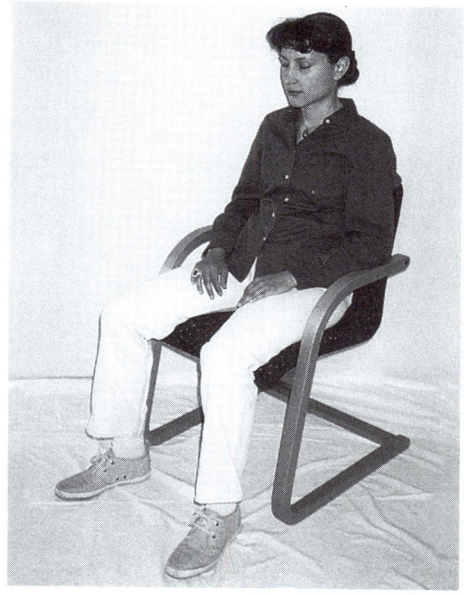

Abb. 8: Angelehnte
Sitzhaltung

Sie geben sich dadurch ein Ruhesignal als Einleitung der Entspannung und lenken die Aufmerksamkeit auf die Schwere, d.h. die Muskelentspannung. Halten Sie sich bitte genau an die Wortwahl. Andere Formeln bewirken andere Effekte. Für Linkshänder kann es sinnvoll sein, mit dem linken Arm zu beginnen.

● Die Formeln wiederholen Sie immer wieder innerlich ca. drei Minuten lang. Sie dienen dazu, Ihre Aufmerksamkeit auf sich selbst zu lenken. Dabei sollten Sie versuchen, einen eigenen Rhythmus zu finden. Zu Beginn der Übung sind häufigere Wiederholungen der Formeln ohne Zwischenpausen sinnvoll. Im weiteren Verlauf können sie seltener genannt werden.

● Achten Sie gleichzeitig darauf, ob Sie die entsprechenden Veränderungen wahrnehmen können. Sollten Ihre Gedanken abschweifen, lenken Sie sie immer wieder sanft auf die Formeln und Ihre Körperwahrnehmung zurück.

Die Rücknahme

Nach ca. drei Minuten beenden Sie die Übung mit einer energischen Rücknahme, die in drei Schritten (siehe nachfolgende Abbildungen) erfolgt:

- Erster Schritt: Arme fest beugen und strecken!

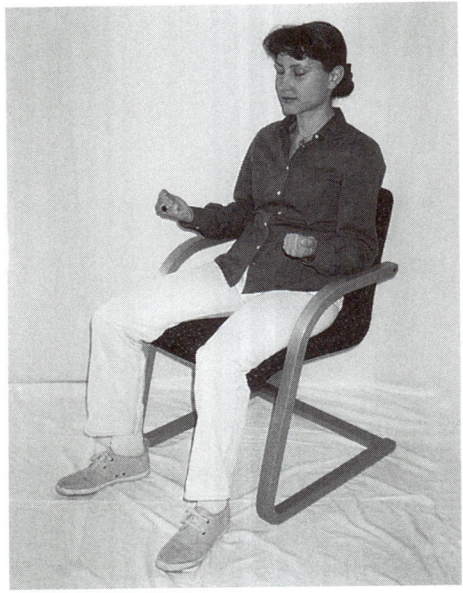

Abb. 9: Erster Schritt der Rücknahme

Bei diesem Kommando, das Sie sich innerlich selbst geben, ballen Sie die Fäuste und strecken und beugen die Arme mehrfach kräftig.

- Zweiter Schritt: Tief ein- und ausatmen!

Dabei atmen Sie frische Luft tief durch die Nase ein und lassen sie durch den Mund wieder ausströmen. Wie oft Sie das machen wollen, bleibt Ihnen selbst überlassen. Zwei- oder dreimal ist jedoch völlig ausreichend zur Aktivierung.

- Dritter Schritt: Augen auf!

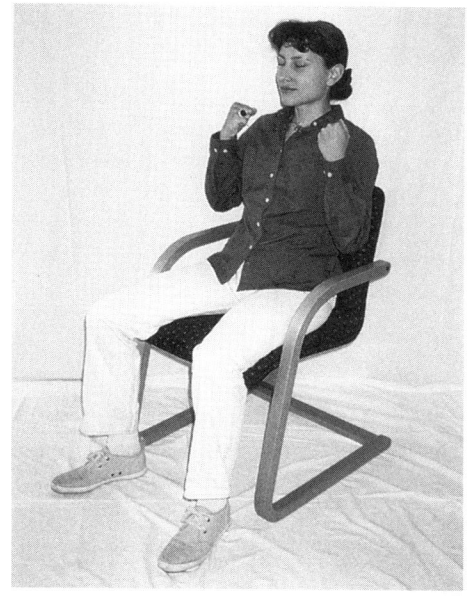

Abb. 10: Zweiter Schritt der Rücknahme

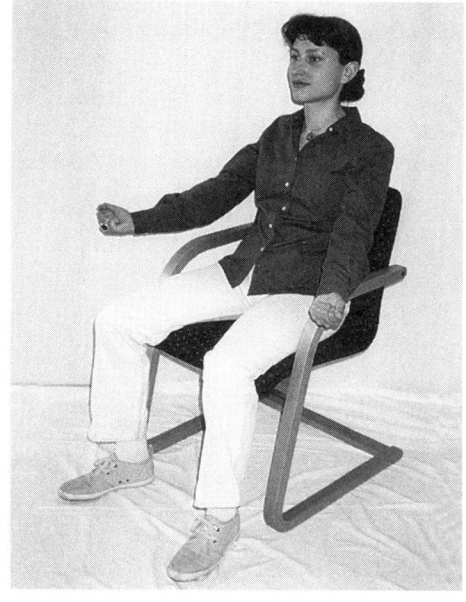

Abb. 11: Dritter Schritt der Rücknahme

Erst jetzt, auf dieses Kommando hin, öffnen Sie die Augen und stellen den Kontakt zur Umwelt wieder her.

Die Rücknahme wirkt vielleicht im ersten Moment etwas schematisch. Im Ablauf ist sie jedoch an unserem natürlichen Aufwachen jeden Morgen orientiert, das auch mit Körperbewegungen und vertiefter Atmung beginnt. Erst ganz am Ende öffnen wir morgens unsere Augen. Dieses schrittweise Erwachen entspricht einer sanften Beendigung des Schlafes, sofern wir nicht schon vorher durch einen Wecker plötzlich und unsanft aus dem Schlaf gerissen werden.

Weitere Übungshinweise

Insbesondere in der Anfangszeit des Übens sollten Sie sich möglichst genau an dem vorgegebenen Ablauf orientieren. Je gleichförmiger Sie trainieren, desto schneller und zuverlässiger werden Sie das AT lernen. Ständige Variationen führen zu einer Beliebigkeit (irgend etwas passiert immer!), aber nicht zum Entspannungsreflex.

Auch die Übungszeit von drei Minuten sollten Sie in etwa einhalten. Dabei kommt es selbstverständlich nicht auf Sekunden an. Keinesfalls sollten Sie sich beim AT einen Wecker stellen. Mit der Zeit sagt Ihnen Ihre »innere Uhr«, wann die Zeit vorüber ist. Wer sich diesbezüglich nicht sicher ist, kann vor und nach der Übung kurz auf die Uhr schauen und bekommt dadurch ein Zeitgefühl für die drei Minuten.

Um den Wechsel zwischen Spannung und Entspannung gut zu trainieren, empfiehlt es sich, immer auf eine kräftige Rücknahme am Ende der Übung zu achten. Gegebenenfalls können Sie die Rücknahme auch durch (Beuge-)Bewegungen der Beine verstärken.

Wie geht's weiter?

Diesen Ablauf üben Sie von nun an dreimal täglich drei Minuten. Das klingt sehr einfach, schließlich sind es zusammengerechnet nicht einmal 10 Minuten pro Tag, die Sie zum AT benötigen. Erfahrungsgemäß vergessen jedoch viele Menschen besonders am Anfang ihre Übungen. Eine Tagesbilanz am Abend ergibt dann oft: »Ich habe heute überhaupt nicht AT geübt, ich hatte einfach keine Zeit dazu«.

Es empfiehlt sich daher, anfangs die Übungen täglich zu festgelegten Zeiten zu machen. Am besten wählt man dazu die drei natürlichen Tageseinschnitte.

- Nach dem Aufwachen (vor oder nach dem Frühstück)
- Während der Mittagspause
- Vor dem Einschlafen

Wer morgens Anlaufschwierigkeiten hat, kann die Übungen auch etwas in den Tag hinein verlagern: mittags die erste Übung und abends zwischen 18 und 20 Uhr die zweite Übung.

Vor dem Einschlafen sollten Sie im Liegen im Bett üben. Sie nehmen dann die Übung aber nicht zurück, sondern drehen sich einfach in Ihre Schlafhaltung hinein.

Das Üben in der Rückenlage

Sie legen sich entspannt auf den Rücken, die Beine sind ausgestreckt, die Fußspitzen zeigen leicht nach außen. Die Arme liegen locker, gegebenenfalls leicht angewinkelt, an der Seite, die Handinnenflächen befinden sich auf der Unterlage. Der Kopf liegt auf einem flachen Kopfkissen oder direkt auf der Unterlage, die Augen sind wie üblich geschlossen.

Das Üben in der Rückenlage ist eigentlich nur vor dem Einschlafen zu empfehlen. Im Alltag wird ansonsten immer im Sitzen oder später auch im Stehen geübt.

Das Wochenprotokoll

Eine Hilfe zum regelmäßigen Üben in der Lernphase ist das Führen eines Wochenprotokolls (siehe Abb. 12). Hier werden die einzelnen Übungen dokumentiert und hinsichtlich ihrer Effektivität und möglicher Besonderheiten bewertet. Dadurch können Sie Ihre Lernfortschritte im Wochenverlauf recht gut beobachten. Außerdem vergessen Sie besondere Übungserfahrungen nicht so schnell und können sie später noch mit jemandem besprechen. Das Führen eines Wochenprotokolls fördert neben dem regelmäßigen Üben auch die Selbstwahrnehmung und Selbstbeobachtung. Wenn Sie nach der Übung etwas dokumentieren sollen, achten Sie während der Übung automatisch mehr auf die Entspannungsabläufe.

WOCHENPROTOKOLL

Tragen Sie in das Protokoll ein,
– wenn Sie die Übung nicht durchgeführt haben;
? wenn Sie die Übung zwar durchgeführt haben, aber nicht zufrieden waren;
+ wenn Sie die Übung wie besprochen zufriedenstellend durchgeführt haben;
+ + wenn Ihnen die Übung sehr gut gelungen ist.

Bemerkungen (Übungsdauer, Schwierigkeiten, besondere Empfindungen, Fortschritte)

Montag	morgens	....
	mittags	....
	abends	....
Dienstag	morgens	....
	mittags	....
	abends	....
Mittwoch	morgens	....
	mittags	....
	abends	....
Donnerstag	morgens	....
	mittags	....
	abends	....
Freitag	morgens	....
	mittags	....
	abends	....
Samstag	morgens	....
	mittags	....
	abends	....

	morgens	....
Sonntag	mittags	....
	abends	....

Anmerkungen zum Übungserfolg und zu besonderen Problemen

....

....

....

Abb. 12: Wochenprotokoll

Das wichtigste am AT ist, daß man es macht! Dabei zahlt sich allerdings in der Lernphase nicht unbedingt aus, mehr als dreimal täglich zu üben. Lieber nicht häufiger üben, dafür aber regelmäßig und konsequent.

Die Ausbreitung der Schwere

Nach einigen Übungen verändern Sie die Entspannungsformeln in der Form, daß Sie die Schwere auf den linken Arm und auf beide Beine ausbreiten lassen. Dabei bleibt es immer bei drei Sätzen. Der erste Satz gibt das Ruhesignal. Der zweite Satz beinhaltet den bisherigen Lernschritt und der dritte Satz leitet die Weiterentwicklung ein.

- Ich bin ganz ruhig
- Der rechte Arm ist schwer
- Beide Arme sind schwer

Die Beine werden dann gleich gemeinsam einbezogen:

- Ich bin ganz ruhig
- Beide Arme sind schwer
- Arme und Beine sind schwer

Das Festhalten an Dreizeilern ist eine gewisse Abwandlung zum Schultzschen Original, hat sich aber sehr bewährt und wird durch Lerntheorien bestätigt. Ein wesentlicher Grund ist die Übersichtlichkeit. Drei Zeilen kann man gut im Gedächtnis behalten. Die Gefahr, die Formeln durcheinanderzubringen, ist gering.

Die Wärmeübung

Das Wärmegefühl entsteht durch eine verstärkte Hautdurchblutung. Im entspannten Zustand benötigen wir weniger Blut in der Muskulatur, so daß die feinen Blutgefäße in der Haut sich entspannen können. Viele erleben diese Entspannung zunächst als ein Kribbeln oder »Ameisenlaufen«, bis sich dann das Wärmegefühl einstellt. Die Temperaturveränderungen können auch mit entsprechenden Thermometern gemessen werden. Zumeist beträgt die Temperatursteigerung zwischen zwei und drei Grad Celsius, das Wärmeerlebnis kann jedoch unabhängig davon mehr oder weniger intensiv sein.

Sie beginnen die Wärmeübung wieder mit dem rechten Arm:

- Ich bin ganz ruhig
- Arme und Beine sind schwer
- Der rechte Arm ist warm

Das Wärmeerleben wird ähnlich wie die Schwere im Verlauf der weiteren Übungen auf Arme und Beine ausgebreitet:

- Ich bin ganz ruhig
- Arme und Beine sind schwer
- Arme und Beine sind warm

Oftmals kommt es zu einer verzögerten Wärmeentwicklung, so daß die Wärme nach der Rücknahme deutlicher zu spüren ist als während der Übung. Dies ist durchaus erwünscht und zeigt uns, daß der Entspannungseffekt auch nach Beendigung der Übung erhalten bleibt. Während die Schwere und auch die Ruhe nach der Aktivierung wieder zurückgehen, bleibt die Entspannung in der Wärme länger bestehen.

Hilfestellungen

Nicht alle Menschen sind mit ihren Übungserfolgen gleich zufrieden, und sie suchen nach Unterstützung zur besseren Entspannung. Die folgenden Konzentrationshilfen und Möglichkeiten der Entspannungsverstärkung sind als Anregung (durchaus auch für Fortgeschrittene) gedacht. Jeder Übende sollte ausprobieren, ob es ihm geeignet erscheint, ergänzend zu den Formeln und dem Empfinden von Ruhe, Schwere und Wärme zusätzliche Vorstellungen oder Verstärkungen der Entspannung während der Übung hinzuzunehmen. Keinesfalls sollten die Hilfsvorstellungen anstatt der AT-Übung angewendet werden. Auf »externe« Hilfsmittel wie beruhigende Musik, abgedunkelte Räume, Duftlämpchen o.ä. sollte unbedingt verzichtet werden. Auch Entspannungskassetten oder CDs sind keine Hilfe, da Sie dann kein Autogenes Training mehr machen, sondern sich von einer fremden Stimme ähnlich wie bei einer Hypnose in Entspannung bringen lassen.

Der Badewannenversuch

Dieser Versuch dient zu Beginn des AT-Kurses zur Verdeutlichung der Schwereempfindung. In der Badewanne oder im Schwimmbad lassen Sie zunächst den rechten Arm im Wasser treiben und spüren dabei, wie er scheinbar schwebt. Sie heben den Arm dann ca. 20 cm über die Wasseroberfläche und spüren die Schwerkraft, die Ihren Arm nach unten zieht. Dieses Gefühl der Schwere im Arm können Sie sich einprägen, es kann Ihnen eine Hilfe für die Schwereempfindung während der AT-Übung sein. Mit ähnlichen Versuchen können Sie das Wärmegefühl herbeiführen und sich einprägen, z.B. können Sie den Arm in die Sonne legen.

Ergänzung der Formeln mit Eigenschaftswörtern

Die Empfindungen im AT können durch positive Eigenschaftswörter verstärkt werden. Dabei bieten sich Worte wie »ganz«, »angenehm«, »wohlig«, »strömend« etc. an. So können die Formeln durch »ganz ruhig«, »angenehm schwer«, »strömend warm« ergänzt oder erweitert werden.

Ausatmungsverstärkung

Der normale Atemrhythmus besteht aus zwei Phasen: Bei der aktiven Einatmungsphase spannt sich die Rumpfmuskulatur und hebt sich der Brustkorb. Die Ausatmung dagegen ist ein passiver Vorgang, der Atem strömt wie von selbst wieder aus dem Brustkorb. Daher kann Entspannung deutlicher erlebt und umgesetzt werden, wenn sie in den passiven Ausatmungsvorgang »hinein-konzentriert« wird. Die Formeln werden bei der Ausatmungsver-stärkung synchron zum Atemrhythmus konzentriert, wobei die für die Entspannung wesentlichen Worte *»ruhig«, »schwer«, »warm«* in die Ausatmungsphase gelegt werden.

Konzentrationshilfen

Hinsichtlich unserer Sinneswahrnehmung (Sehen, Hören, Ta-sten) sind wir Menschen unterschiedlich orientiert. Dies kann zur Verbesserung der Konzentrationsfähigkeit während der Übung genutzt werden.

Optisch oder visuell orientierte Menschen können sich die For-meln vor ihrem inneren Auge geschrieben vorstellen, z.B. auf ei-ner Tafel oder Leinwand, auf einem Plakat oder in Leuchtschrift, und sie dort Wort für Wort ablesen.

Akustisch orientierte Menschen können sich dadurch besser konzentrieren, daß sie sich die Formeln gesprochen vorstellen und ihnen innerlich zuhören.

Motorisch orientierte Menschen schließlich stellen sich vor, die Formeln während des Übens selbst auf eine Tafel oder ein Blatt Papier zu schreiben oder zu malen und dabei mitzulesen.

Ruhebild

Manche Menschen bringen die Vorstellung *»Ich bin ganz ruhig«* ganz spontan mit beruhigenden inneren Bildern in Verbindung (Sonnenuntergang, Landschaftsszenen, Strand und Urlaub, Pflanzen und Bäume oder auch Farben). Solche beruhigenden bildhaften Vorstellungen lassen sich gut nutzen, um den Auf-merksamkeitsscheinwerfer zu lenken und die Konzentration zu verbessern. Auch wird die Entspannung durch den zusätzlichen beruhigenden Einfluß verstärkt. Man muß jedoch aufpassen, daß man sich nicht in den Bildern verliert und das AT darüber vergißt.

Die Kutscherhaltung

Nicht immer haben Sie einen bequemen Stuhl zum Üben. Als Alternative zum angelehnten Sitzen können Sie auch die sog.

Kutscherhaltung einnehmen. Sie benötigen dabei nur eine Sitzfläche und keine Lehnen. Diese Übungshaltung ist jedoch etwas gewöhnungsbedürftig, insbesondere dann, wenn Sie zu Verspannungen im Rücken neigen. Sie setzen sich zunächst mit geradem, aufgerichtetem Oberkörper, wobei das Becken nach vorne geneigt wird. Aus dieser Haltung sinken sie etwas in sich zusammen, indem Sie das Becken nach hinten neigen und dadurch mit der Wirbelsäule einen leichten Buckel machen (Abb. 13). Sie bleiben aber gerade sitzen, die Arme liegen locker (nicht auf die Oberschenkel aufstützen). Der Kopf ist entweder gerade oder er sinkt nach vorne.

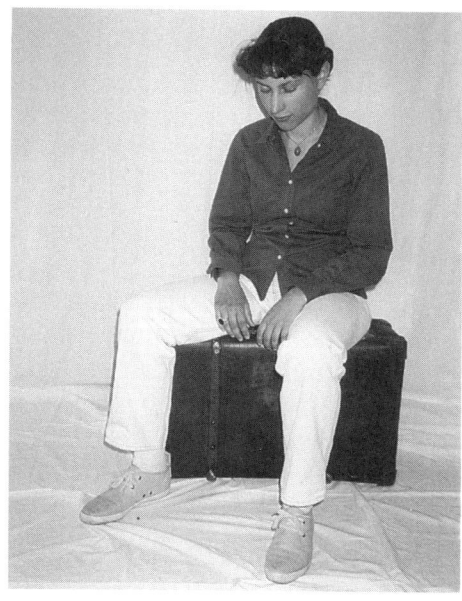

Abb. 13: Die Kutscherhaltung

Diese Körperhaltung hat den großen Vorteil, daß Sie das AT damit im Alltag viel häufiger anwenden können, z.B. auf einem Hocker, auf einem Tisch (siehe Seite 12), auf einer Treppe (siehe Seite 144), auf einer Parkbank, auf einem Baumstamm. Oder sogar auf einer Toilette, wobei der Klodeckel natürlich heruntergeklappt wird, denn man sollte nicht zwei Tätigkeiten miteinander vermischen (Toilettengang und Entspannungsübung).

Umgang mit Schwierigkeiten

Am günstigsten ist es, wenn Sie in der Lernphase Ihre Entspannungserfahrungen jemandem mitteilen können, der AT-erfahren ist. Der Austausch bringt neue Ideen, stärkt das Gefühl, auf dem richtigen Weg zu sein und motiviert zum regelmäßigen Üben. Ganz wichtig wird das Gespräch, wenn Schwierigkeiten auftreten. Diese sind meist völlig harmlos, es sind einfach neue Erfahrungen, die nicht gleich eingeordnet werden können. AT ist zwar sehr wirkungsvoll, aber harmlos, und hat bei richtiger Anwendung keinerlei schädliche Nebenwirkungen. Neue Erlebnisse können dennoch beunruhigen, und manche Schwierigkeiten müssen mit einem AT-Trainer besprochen werden.

Im folgenden werden einige häufige Probleme und ihre Ursachen aufgeführt und Vorschläge zur Bewältigung gemacht. Sollten bei Ihnen andere Schwierigkeiten auftreten, seien Sie nicht beunruhigt, sondern suchen Sie im Zweifelsfall ein Gespräch mit einem AT-Trainer.

Allgemeine Hinweise

Generell gilt bei plötzlich auftauchenden Problemen: Unangenehme Empfindungen nicht aushalten, sondern die Übung im Zweifelsfall unmittelbar durch eine kräftige Rücknahme beenden! Damit schaffen Sie sofortige Abhilfe. Störungen haben oft mit Konzentrationsschwierigkeiten zu tun. Daher kann eine verstärkte Konzentration auf die Formeln oder die direkte Anwendung von Konzentrationshilfen bereits hilfreich sein. Bei häufiger auftretenden Problemen sollte die Übungsdauer möglichst kurz gehalten werden (ein bis zwei Minuten) und öfter am Tag geübt werden (fünf bis sechs Mal). Dadurch stellen sich eher Erfolgserlebnisse ein, durch die dann die Schwierigkeiten verdrängt werden.

Das »Höhenruder«

Bei Schwierigkeiten, die mit dem Gefühl von Kontrollverlust oder mit sehr störenden körperlichen Empfindungen (z.B. Ängsten, Verspannungen, Schmerzen) zu tun haben, kann auch das sog. Höhenruder des AT als Hilfe eingesetzt werden, da hiermit die Aufmerksamkeit auf eine aktive Körperbewegung gelenkt wird. In erster Linie dient das Höhenruder jedoch dazu, die Tiefe der Entspannung zu regulieren. Wir können dadurch auf sehr elegante Weise verhindern, daß wir während der Übung einschlafen.

Wie funktioniert das »Höhenruder« des AT?

Bei einem Flugzeug befindet sich das Höhenruder am hinteren Teil der Tragflächen, und durch Auf- und Abbewegungen steuert der Pilot die Flughöhe seiner Maschine. Dieses Bild können wir übertragen. Im AT benutzen wir unsere Hände als »Höhenruder« der Entspannung. Durch leichtes Auf- und Abbewegen (siehe Abb. 14–16) wird ein Aktivitätsimpuls von den Muskeln der Hände und des Unterarms an den Hirnstamm gegeben. Dort befindet sich das vegetative Zentrum, das für die Schlaf-wach-Steuerung verantwortlich ist, das sog. aufsteigende retikuläre System. Wenn wir während der AT-Übung drohen einzuschlafen, überwiegen dort die beruhigenden Impulse. Durch die Handbewegungen wird das Gleichgewicht wieder mehr zugunsten der Wachheit hergestellt, indem vermehrt aktivierende Impulse dort aufgenommen werden. Im Grunde ist daher die Bewegung der Hände eine leichte Form der Rücknahme.

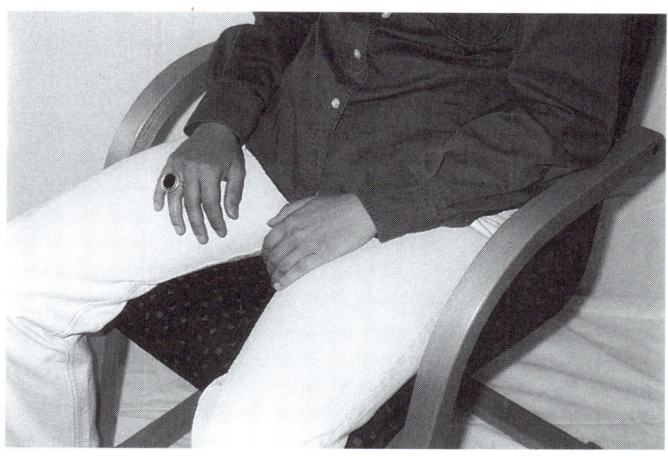

Abb. 14: Höhenruder 1

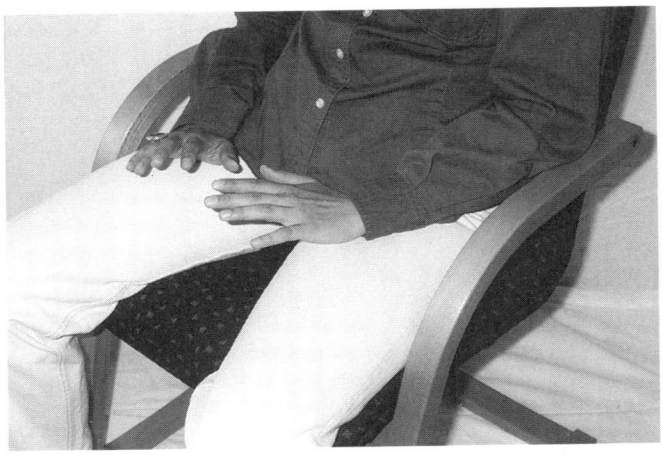

Abb. 15: Höhenruder 2

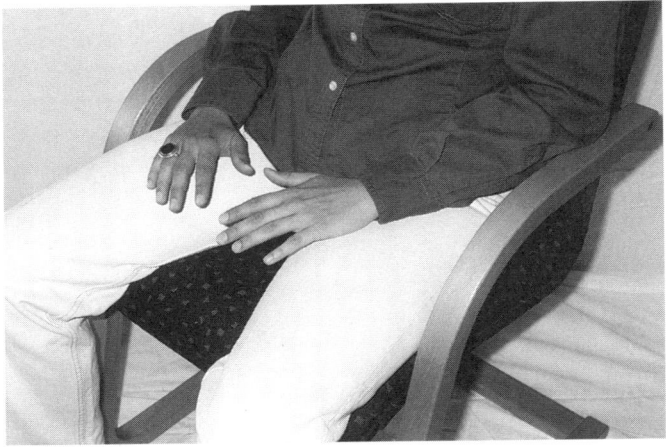

Abb. 16: Höhenruder 3

Wie schon ausgeführt, eignet sich die Handbewegung auch zur Aufmerksamkeitslenkung und zur Verbesserung der Selbstkontrolle bei unangenehmen Störungen.

Bei zu starken Beschwerden sollte die Übung aber abgebrochen werden, oder in der Lernphase besser erst gar nicht begonnen. Keinesfalls sollten Sie die Übung aber mit dem Gedanken »Wann sind die drei Minuten endlich vorbei?« durchhalten.

Statt der Ruhe tritt während des Übens Unruhe auf

Ursachen:
- Der Übungszeitpunkt ist ungünstig,
- die Übung ist nicht gut vorbereitet,
- störende Gedanken oder Gefühle (z.b. Ängste) drängen in den Vordergrund,
- es besteht ein starkes Kontrollbedürfnis und die Angst, beim Schließen der Augen zu viel Kontrolle zu verlieren,
- Sie wollen es zu gut machen und die Entspannung geradezu herbeizwingen,
- es besteht die Befürchtung, es könnte jemand den Raum betreten und Sie stören,
- Sie erwarten einen Telefonanruf u.ä.

Abhilfe:
- Übung beenden,
- mögliche Störquellen beseitigen (Telefon abschalten, Schild »Autogenes Training, bitte nicht stören« vor die Tür hängen),
- bei Ängsten die Übung mit offenen Augen durchführen und dabei einen Punkt fixieren (z.b. einen Schlüsselbund, den man vor sich auf den Boden legt),
- Einstellung ändern, d.h. nichts erzwingen wollen, gegebenenfalls Ruheformel weglassen oder ändern in: »Ruhe kommt ganz von selbst«,
- Konzentration auf den Atemrhythmus als eine aktive aber beruhigende Tätigkeit.

Konzentrationsschwierigkeiten

Ursachen:
- Geräusche stören (das Schließen der Augen verstärkt das Hören),
- Gedanken schweifen ab,
- Störgedanken treten auf (»Was muß ich heute noch alles erledigen?«),
- störende Körperempfindungen (Schmerzen, Jucken, Ohrgeräusche) werden verstärkt wahrgenommen.

Abhilfe:
- Verstärkte Konzentration auf die AT-Formeln,
- Konzentrationshilfen einsetzen,
- kurze Übungsdauer, zwei oder drei Übungen kurz hintereinander durchführen.

Statt Ruhe, Schwere, Wärme treten andere Empfindungen auf

Ursachen:
- Jeder erlebt Entspannung anders,
- manche Körperempfindungen sind »Nebenwirkungen« der Aktivierung des Parasympathikus (verstärkte Darmaktivität, vermehrter Speichelfluß, Lidflattern, Muskelzuckungen) oder Hinweis auf ein vegetatives Ungleichgewicht (Herzklopfen, Atemunregelmäßigkeiten, Muskelzuckungen),
- ein Zuviel oder Zuwenig an Wärme weist auf harmlose Kreislauffehlregulationen hin,
- Arme und Beine können im Rahmen der Schwere- und Wärmeübung auch als verändert wahrgenommen werden (zu dick, länger, leichter, kaum mehr zu spüren u.ä.).

Abhilfe:
- Keine Sorge, Sie sind dennoch auf dem richtigen Weg,
- auch an den Entspannungszustand muß man sich gewöhnen,
- Hilfestellungen anwenden,
- Zielrichtung Ruhe, Schwere, Wärme beibehalten,
- bei verstärktem Schwitzen Wärmeformel ändern in »ein wenig warm«.

Einschlafen während der Übung

Ursachen:
- Mehr als drei Minuten geübt? Ansonsten typische Anfängerschwierigkeit, Konzentration kann noch nicht zuverlässig im Zwischenstadium zwischen Wach- und Schlafzustand gehalten werden,
- zu tief entspannt,
- vor der Übung müde gewesen?

Abhilfe:
- Das darf sein, Schlaf genießen,
- Sie haben nichts falsch gemacht,
- kürzer üben,
- öfter untertags mit kräftiger Rücknahme üben,
- Höhenruder während der Übung einsetzen.

Ich kann abends nicht mehr einschlafen

Ursachen:
- Können sehr unterschiedlich sein, AT-Übung bewirkt möglicherweise verstärkte Beschäftigung mit innerpsychischen Abläufen,
- abends im Bett kann man endlich in Ruhe über alle Probleme nachdenken.

Abhilfe:
- AT-Abendübung zunächst weglassen.

Schwindel, Müdigkeit, Muskelkater, Schweregefühl nach der Übung

Ursachen:
- Entspannungszustand nicht ausreichend beendet,
- Kreislaufprobleme, Neigung zu niedrigem Blutdruck,
- Muskulatur während der Übung zu verspannt.

Abhilfe:
- Rücknahme intensivieren, Beine mitbewegen,
- bei Muskelkatergefühl oder anhaltender Schwereempfindung Formel der Schwereübung verändern: »Mein rechter Arm ist locker und entspannt«.

Keine Zeit zum Üben, vergessen zu üben

Ursachen:
- AT hat noch keinen Platz im Alltag,
- wie ist die Motivation zum regelmäßigen Üben?

Abhilfe:

- Wochenprotokoll (siehe Abb. 12) konsequent ausfüllen,
- feste Ankoppelung an den Tagesrhythmus (z.b. regelmäßig nach dem Essen üben),
- Erinnerungshilfen (Zettel am Badezimmerspiegel, Schild am Arbeitsplatz).

Die Kurzformel: Ruhe – Schwere – Wärme

Sie haben hoffentlich bis hierher ohne größere Probleme die AT-Übungen erfolgreich entwickelt und sich an eine gewisse Regelmäßigkeit gewöhnt. Den meisten Menschen werden im Laufe der Zeit die Formeln etwas zu lang und es wird lästig, sich ständig auf die einzelnen Worte zu konzentrieren.

Den Abschluß der Grundstufe des AT bildet daher die Entwicklung der sog. Kurzformel. Sicherlich haben Sie zwischenzeitlich auch schon einmal bemerkt, daß die wichtigsten Worte der Formeln am Ende stehen: »*ruhig*«, »*schwer*«, »*warm*«.

Während wir anfangs noch die langen Formeln als Konzentrationshilfe benötigten, genügt es jetzt, wenn wir uns lediglich die wesentlichen Entspannungsstichworte sagen. Aus Rhythmusgründen hat man dazu die zweisilbigen Hauptworte »*Ruhe*«, »*Schwere*«, »*Wärme*« gewählt. Diese kann man nun variabel kombinieren (z.B. verstärkt die Wärme durch mehrmalige Wiederholung ansprechen) oder in einer Formel

- Ruhe – Schwere – Wärme

konzentrieren. Dabei können Sie Ihre Übung durchaus mit den langen Formeln beginnen, dadurch fokussieren Sie Ihre Aufmerksamkeit effektiver. Im weiteren Übungsverlauf ist der Übergang auf die Kurzformel praktischer, zumal wir dann in der Fortgeschrittenenstufe problemlos weitere Formeln (Organübungen, Leitsätze) hinzunehmen können. Andernfalls ergibt sich mit der Zeit ein unüberschaubarer Formelsalat. Das Sprichwort »In der Kürze liegt die Würze« trifft auch auf das AT zu (kurze Formeln, kurze Übungszeit).

Zusammenfassung

Damit haben Sie nun erfolgreich die Grundstufe absolviert – Sie beherrschen jetzt das Fundament des Autogenen Trainings! Immer wenn Sie zukünftig das AT anwenden, werden Sie zunächst den Entspannungsreflex mit der Kurzformel aktivieren und so die Basis für die nachfolgenden Erweiterungen und Einsatzmöglichkeiten schaffen. Dieses Vorgehen ist immer gleich, egal ob Sie dann eine Organübung dazunehmen, einen Leitsatz einfließen lassen oder eine längere Oberstufenübung durchführen.

Bevor Sie zu den Organübungen der Aufbaustufe weitergehen, sollten Sie daher zunächst einige Tage konsequent die Anwendung der Kurzformel üben und erst dann die Grundstufe abschließen.

Organübungen – die Aufbaustufe

Sie haben sicherlich bemerkt, daß wir uns beim Eintrainieren des Entspannungsreflexes auf die Muskeln und Blutgefäße in Armen und Beinen, also auf die äußeren Bereiche des Körpers, konzentriert haben. Das Körperzentrum, die inneren Organe haben wir nur nebenbei, z.B. in Form des Atemrhythmus oder bei der Ausatmungsverstärkung, einbezogen. Während die Technik der Meditation die Konzentration unmittelbar auf die Körpermitte lenkt, hat sich bei den Entspannungstechniken der »Umweg« über die Muskulatur und Hautdurchblutung sehr bewährt. Insbesondere Menschen aus westlichen Kulturkreisen erhalten dadurch einen leichteren Zugang zur Entspannung.

Mit den Organübungen ergänzen wir dieses Vorgehen nun, indem wir in systematischer Reihenfolge die wichtigsten inneren Organsysteme ansprechen.

Der Ablauf der Organübungen

Alle Organübungen beginnen mit dem gewohnten Herstellen eines Entspannungszustandes, d.h. 30 bis 60 Sekunden Anwendung der Kurzformel. Danach wird die Konzentration (unter Beibehaltung der Entspannung) mit der jeweiligen Organformel auf das entsprechende Organsystem gelenkt. Die Übungen sind dabei in der Regel etwas länger, man sollte sich vier bis fünf Minuten Zeit nehmen. An der Rücknahme ändert sich nichts.

Der grundlegende Ablauf ist also bei allen Organübungen gleich:

- Ruhe-Schwere-Wärme
- Organformel
- Rücknahme

Was verändert sich mit den Organübungen?

Da die Organübungen für die Beseitigung von Befindlichkeitsstörungen und die Beeinflussung von Krankheitssymptomen eine wichtige Bedeutung haben, sollen sowohl die allgemeinen Veränderungen wie auch die speziellen Wirkungen im folgenden etwas ausführlicher dargestellt werden.

Differenzierung der Wahrnehmung Die Konzentration der Aufmerksamkeit auf ein Organsystem bewirkt die spezifische Wahrnehmung der anatomischen Lage der Organe und deren Funktionsabläufe. Im Alltag achten wir selten auf unsere Atmung, den Herzschlag oder die Verdauung, denn wir haben genug mit der Bewältigung der äußeren Anforderungen zu tun. Wir werden daher allenfalls nach körperlicher Anstrengung oder aber dann darauf aufmerksam, wenn ihre Funktionen nicht mehr automatisch und reibungslos ablaufen. Im entspannten, nach innen gewandten Zustand haben wir dagegen die Möglichkeit, unsere Wahrnehmung sehr fein und differenziert einzusetzen, beziehungsweise es ist möglich, die eigene Wahrnehmung innerer Funktionen durch die Organübungen des AT zu schulen und zu trainieren.

Vertiefung der Entspannung Die inneren Organe sind in ihrer Funktion autonom und werden durch das Vegetative Nervensystem gesteuert. Die verstärkte Lenkung der Aufmerksamkeit nach innen und das Ansprechen der parasympathischen Organfunktionen (Atmung ruhig und gleichmäßig, Bauch strömend warm) vertieft die Entspannung. Es kommt nicht selten vor, daß jemand bei einer intensiveren Organübung einschläft.

Änderung des persönlichen Körperschemas Jeder Mensch hat ein eigenes Bild von seinem Körper. Wenn Sie die Augen schließen, werden Sie ein klares inneres Bild von Armen und Beinen, vom Leib und vom Kopf haben. Sobald wir nun ein Organ herausgreifen und unsere Aufmerksamkeit darauf lenken, ändern wir auch seine Beziehung zum Rest des Körpers. Wir verändern unsere Wahrnehmungsschwerpunkte und unsere gewohnte Vorstellung von unserem Körper. Wenn unser Körperschema beispielsweise bisher stark von den Muskelbewegungen geprägt war, gewinnen wir deutlich mehr Sensibilität für die inneren Organe. Dieses Vermehrt-darauf-Achten ist die Basis für einen gesünderen Umgang mit sich selbst.

Zur Reihenfolge der Organübungen
Es gibt vier verschiedene Organübungen:

- Die Atemübung
- Die Bauchübung
- Die Herzübung
- Die Stirnkühle

In den verschiedenen Büchern über das Autogene Training finden Sie unterschiedliche Reihenfolgen, wie die einzelnen Übungen gelernt werden sollten. Wir beginnen in diesem Buch mit der Atemübung, da der Atemrhythmus uns schon von der Grundstufe her vertraut ist. Es folgt die Bauchübung, da wir das Gefühl von Wärme schon von den Armen und Beinen kennen. Nachdem wir mit diesen zwei Übungen vertraut sind, können wir die etwas anspruchsvollere Herzübung leichter durchführen. Als eine Teilübung haben wir die Schulter-Nacken-Übung hinzugefügt, da hier viele Menschen Verspannungsprobleme haben.

Die Stirnkühle steht wegen ihres aktivierenden und erfrischenden Effektes am Ende der Reihe.

Sollten sich bei einer der folgenden Übungen irgendwelche Probleme einstellen, so halten Sie sich nicht lange auf, sondern gehen Sie direkt zur nächsten Übung weiter. Die Organübungen sind kein Pflichtprogramm. Störungen sollten Sie daher zunächst umgehen. Zu einem späteren Zeitpunkt haben Sie möglicherweise einen anderen, leichteren Zugang zur jeweiligen Übung.

Die Atemübung

Eigentlich wäre es treffender, hier nicht von einer Übung, sondern von einem »Atemerlebnis« zu sprechen. Es kommt nämlich im Gegensatz zu den bisherigen Übungen nicht darauf an, einen bestimmten Zustand herbeizuführen, sondern wir wollen uns während der Entspannung in beobachtender Form mit der Atmung auseinandersetzen, uns unserem natürlichen Atemrhythmus überlassen.

Viele Menschen haben keine genauen Vorstellungen von ihrer Atmung. Bevor wir in das erste Atemerlebnis hineingehen, daher zunächst eine Vorübung.

Vorübung mit offenen Augen

Wie oft atmen Sie in der Minute? Manche Menschen glauben, daß sie 30 bis 40 mal pro Minute atmen und sind dann beim AT ganz erstaunt oder sogar besorgt, daß der Atemrhythmus so langsam ist. Unsere normale Atemfrequenz ist 10 bis 14 mal pro Minute, also kein Grund zur Atemnot! Atmen Sie einmal bewußt ganz regelmäßig. Sie werden bemerken, daß das mit der Zeit unangenehm ist. Unser Atemrhythmus ist unregelmäßig, er paßt sich in jeder Sekunde neu den Bedürfnissen des Körpers an. Unregelmäßigkeit ist also normal und gehört zur gesunden Atemregulation. Beobachten Sie einmal den Wechselrhythmus zwischen Ein- und Ausatmung. Sie werden deutlich den Wechsel zwischen aktivem Einatmen und passivem Ausatmen wahrnehmen können.

Übungsablauf

Nach dieser kleinen Vorübung wenden wir uns nun dem AT zu. Die Atemformeln lauten entweder

- Es atmet mich
- Es atmet in mir
  oder
- Atmung ruhig und gleichmäßig

Sie stellen zunächst mit der Kurzformel einen Entspannungszustand her und probieren dann einfach aus, welche Formel für Sie ansprechender ist, welche Ihnen mehr Nähe zu Ihrer eigenen Atmung vermittelt.

In der ersten Übung können sich unterschiedliche Wahrnehmungen und Erfahrungen entwickeln.

Wo können Sie die Atmung spüren?

● Die Aufmerksamkeit kann auf den Atemrhythmus gelenkt werden. Die Erlebnisse der Vorübung sind dann intensiver und Sie bemerken, daß die Atmung langsamer wird. Bei Schwierigkeiten mit dem Atemrhythmus empfehlen sich ein oder zwei tiefe (Seufzer-)Atemzüge mit verstärkter Ausatmung. Dadurch lockern wir unsere Muskulatur, bekommen ausreichend Luft und finden wieder zum natürlichen Rhythmus.

● Wir können bei dieser Übung auch spüren, wo wir atmen. Wo geht der Atem hin? Verfolgen Sie den natürlichen Atemweg von der Nase (oder dem Mund) in den Rachen, die Luftröhre, die Bronchien bis in die Lunge und wieder zurück. Spüren Sie, wie die Luft einströmt und die Lungen füllt. Spüren Sie die Temperaturunterschiede zwischen der relativ kühlen äußeren Luft und dem warmen Körperinneren. Mit zunehmender Entspannung wird die Atmung nicht tiefer, wie viele Menschen zunächst vermuten, sondern vielmehr flacher und ruhiger. Also nicht versuchen, möglichst tief zu atmen, das führt eher zur Aktivierung, wie wir von der Rücknahme her wissen.

● Möglicherweise ist die Atmung in Ihrem subjektiven Empfinden nicht nur auf die Lunge beschränkt. Wo geht der Atem sonst noch hin? Fließt er in den Bauch weiter? Geht er über das Becken weiter in die Beine? Durchströmt er vielleicht sogar den ganzen Körper? Wie gesagt: Der Luftaustausch ist auf die Lunge beschränkt, das Fließen kann jedoch in anderen Körperregionen spürbar werden.

● Welche Formel haben Sie angewendet? Sie können recht unterschiedlich auf die einzelnen Sätze reagieren. Die ersten beiden Formeln verstärken eher das Sich-der-Atmung-Überlassen, sie sind passiv formuliert, und möglicherweise haben aktivitätsgewohnte Menschen Schwierigkeiten damit. Wer gerne die Dinge selbst in der Hand behält, sollte daher zunächst eher die dritte Formel *»Atmung ruhig und gleichmäßig«* anwenden. Sie lehnt sich auch mehr noch an das vertraute Üben der Grundstufe an. Unsere Erfahrung zeigt, daß nicht die Originalformel von Schultz *»Es atmet mich«*, sondern heute mehr die Formel *»Es atmet in mir«* von vielen im Laufe der Zeit favorisiert wird.

● Das Atemerlebnis bewirkt oftmals eine Vertiefung der Entspannung. Die Kühle der einströmenden Atemluft und die Rhythmusaktivität haben möglicherweise aber auch einen erfrischenden Effekt. Dies kann in Situationen, in denen die Entspannung zu tief wird und das Einschlafen während der Übung droht, zur Aktivierung genutzt werden.

● Bei häufiger Wiederholung der Übung kann die Atmung auch in ihrer weitergehenden Bedeutung spürbar werden. Atmung ist wichtig für die Sauerstoffaufnahme. Sie steht in Verbindung mit dem Riechen und Schmecken. Atmen bedeutet Abwechslung, Rhythmus, Austausch mit der Umwelt, Lebenskraft. Diese eher meditativen Erlebnisse sind dem Anfänger jedoch zumeist noch nicht zugänglich.

Anwendungsmöglichkeiten Die Atemübung kann eingesetzt werden bei allen funktionellen Atembeschwerden (Atemtics, Störungen des Atemrhythmus, Angstatmung, Hyperventilationssyndrom). Auch bei organisch bedingten Erkrankungen wie dem Bronchialasthma kann diese Übung symptomlindernd wirken. Ebenso bei Reizhusten und verstopfter Nase.

Darüber hinaus wirkt die Übung günstig bei körperlichen und psychischen Blockaden, also wenn etwas gelockert, gelöst und zum Fließen gebracht werden soll. Dies kann sich auf muskuläre Verspannungen (Kopf- und Rückenschmerzen, Verstopfung und Harnverhalt), Durchblutungsstörungen (Bluthochdruck) ebenso wie auf Ängste und Zwänge beziehen. Beim Einschlafen wirkt die Atemübung oft sehr beruhigend, da die Entspannungsatmung in die Schlafatmung einmündet. In diesen Situationen kann uns jedoch auch der aktivierende Effekt dieser Übung einen Streich spielen, so daß wir dann eher wacher werden. Die Atemübung sollte in diesem Fall nicht vor dem Einschlafen durchgeführt werden. Der aktivierende und erfrischende Effekt kann andererseits untertags auch zur Steuerung der Wachheit, der Verbesserung der Selbstkontrolle und zur Leistungssteigerung genutzt werden.

Die Bauchübung

Während wir uns bei der Atemübung in eher beobachtender Form der Atmung zugewandt haben und dabei nicht viel aktiv bewirken wollten, führen wir bei der Bauchübung wieder eine unmittelbare Verstärkung des Entspannungszustandes herbei. Am angenehmsten erleben wir den Bauch, wenn er warm und entkrampft ist und wir wenig Druck innerhalb der Bauchorgane verspüren. Daher lassen wir während der Bauchübung in unserem Bauchraum das Gefühl von Wärme entstehen, das wir auch schon von den Grundübungen in den Armen und Beinen kennen.

Es hat sich aus verschiedenen Gründen als sinnvoll erwiesen, die Konzentration am Anfang jeweils auf den Oberbauch zu lenken. Dort liegt in der Tiefe das sog. Sonnengeflecht (lat. *Solarplexus*), ein großer Nervenknoten mit überwiegend parasympathischen Nervenzellen. Der Name Sonnengeflecht rührt auch daher, daß von diesem Nervenknoten aus strahlenförmig (wie eine Sonne) Nervenfasern in den ganzen Bauchraum ziehen und die Verdauungs- und Ausscheidungsfunktionen steuern.

Vorübung mit offenen Augen   Legen Sie bitte Ihre rechte Hand auf ihren Oberbauch, so daß die Handfläche genau in der Mitte liegt (siehe Abb. 17). Die Unterkante der Hand liegt etwa ein bis zwei Zentimeter oberhalb des Bauchnabels (der Hosenbund sollte etwas gelockert und der Gürtel kann geöffnet werden), der Daumen kann in dieser Position den unteren Rippenbogen berühren.

Lassen Sie die Hand ganz locker auf dem Oberbauch liegen und schließen Sie kurz die Augen. Spüren Sie die Wärme, die sich hinter Ihrer Handfläche im Bauchraum entwickelt. Sie können sich das erwünschte Gefühl damit gut vorstellen und genau dies ist auch die Stelle, auf die Sie sich dann bei der AT-Übung (ohne Handauflegen) konzentrieren sollten. Der Gedanke an eine klei-

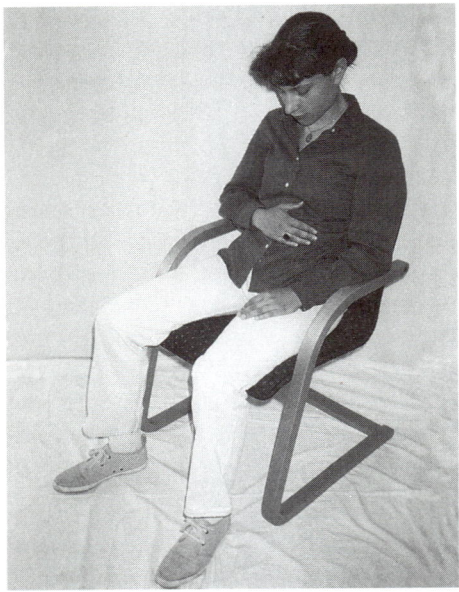

Abb. 17: Spüren des
Sonnengeflechts

ne wärmende Sonne, die in den Bauch ausstrahlt, ist naheliegend.

Übungsablauf   Die Formeln für die Konzentration von Wärme im Bauch lauten entweder

- Sonnengeflecht strömend warm
- Bauch strömend warm
  oder
- Leib strömend warm

Sie führen die Übung genauso durch wie die Atemübung. Zunächst erzeugen Sie mit der Kurzformel eine Grundentspannung und lenken dann die Aufmerksamkeit auf die Stelle, wo Sie vorher Ihre Hand liegen hatten. Auch hier lassen Sie die verschiedenen Formeln auf sich wirken.

Was können Sie spüren?
● Die entstehende Wärme kann an der Hautoberfläche vorne oder auch in den Rücken ausstrahlend empfunden werden,

manchmal auch gürtelförmig. Sie kann in der Tiefe spürbar sein und in den Bauch ausstrahlen.

● Das Sonnengeflecht liegt anatomisch hinter dem Magen. Daher können Empfindungen im Zusammenhang mit diesem Organ und der Nahrungsaufnahme auftreten, z.B. Magenbewegungen und -geräusche.

● In unmittelbarer Nähe liegt auch die Bauchschlagader. Insbesondere dünne Menschen spüren daher neben der Wärme möglicherweise ein Pulsieren oder Klopfen aus der Tiefe des Oberbauches.

● Verdauung ist eine parasympathische Aktivität der Regeneration. Daher traten schon im Rahmen der Grundübungen eventuell Bewegungen und Geräusche im Bauch auf. Die Bauchübung verstärkt diese Aktivitäten jetzt, wobei nicht immer angenehme Gefühle entstehen. Im Rahmen der Bauchentkrampfung können auch Blähungen bewußter werden. Lassen Sie diese ruhig ihren natürlichen Weg nehmen – sofern Sie in einer ungestörten Situation sind. Es empfiehlt sich, den Darmaktivitäten nicht zuviel Aufmerksamkeit zu schenken, sondern sich verstärkt auf das Wärmeerleben zu konzentrieren.

● Durch die Wärme im Bauch haben wir in unserer Körpermitte eine Verbindung zwischen Armen und Beinen hergestellt. Das Wärmeempfinden kann daher nun den ganzen Körper leichter durchströmen, die Bauchübung verstärkt oftmals besonders auch die Wärme in den Beinen. Das Gefühl, daß Wärme aus der Körpermitte in Arme und Beine fließt (oder umgekehrt), wird meist als sehr angenehm empfunden und läßt sich für verschiedene Anwendungsmöglichkeiten nutzen.

● Der Bauch hängt in besonderem Maße mit unserem Gefühlserleben zusammen. Unangenehme Gefühle und Aufregung erleben wir dort körperlich, ebenso wie auch positive Erregung (»Schmetterlinge im Bauch«). Wärmeempfinden im Bauch steht symbolisch für das Sich-Wohlfühlen. Wir haben dort nicht nur unser körperliches Zentrum, sondern spüren uns auch psychisch in unserer Körpermitte.

● Bei der Atemübung konnten wir feststellen, daß die Atmung durchaus in den Bauch hineingehen kann. Wenn man nun in die Bauchübung den Atemrhythmus gezielt mit einfließen läßt, entsteht ein verstärktes Gefühl des Strömens und der Bewegung.

Anwendungsmöglichkeiten   Viele Beschwerden im Bauch lindern wir durch eine Wärmflasche. Wärme im Bauch ist also wohltuend für Funktionsstörungen im Magen-Darm-Bereich. Der Einsatzbereich liegt überwiegend im Bereich der chronischen, immer wiederkehrenden Störungen (funktionelle Magen- und Darmkrämpfe, Verstopfung, Blähungen und Völlegefühl, Durchfälle bei Reizdarm, Unterleibsbeschwerden im Rahmen der Periode). Bei sehr akuten Beschwerden allerdings kann die Konzentration auf den Bauch auch unangenehm sein. Dann sollte eher die Atemübung vorangesetzt werden.

Auch bei komplexeren Problemen wie Eßstörungen und sexuellen Funktionsstörungen kann die Bauchübung hilfreich sein. Dem Anwendungsbereich in Schwangerschaft und Geburt ist ein eigenes Kapitel gewidmet.

Die Herzübung

Ähnlich wie bei der Atemübung sind wir bei der Herzübung eher wieder in einer beobachtenden Rolle. Im entspannten Zustand konzentrieren wir uns auf den Herzrhythmus und greifen allenfalls etwas Herzschlag-beruhigend ein. Man sollte daher auch besser von einem Herzerlebnis als von einer Übung sprechen. Das Herz ist der Motor unseres Kreislaufs, es pumpt unser Blut durch den Körper. Dem Herzschlag in unserer Brust entspricht der Pulsschlag am Handgelenk. Diesen können wir gut fühlen und einen Ruherhythmus zwischen 60 und 90 Schlägen pro Minute feststellen. Auch der Herzschlag paßt sich jede Sekunde neu an die Bedürfnisse des Organismus an und zeigt dabei durchaus gewisse Unregelmäßigkeiten. Bei manchen Menschen ändert er sich genau parallel zum Atemrhythmus.

Vorübung mit offenen Augen   Im entspannten Zustand spüren wir unseren Herzschlag normalerweise nicht, so daß wir diese

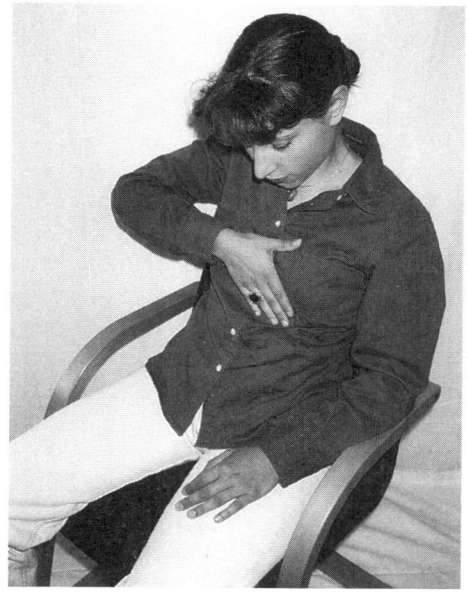

Abb. 18: Spüren des
Herzfeldes

Wahrnehmung erst üben müssen. Legen Sie zunächst einmal Ihre rechte Hand schräg von oben auf die Mitte Ihres Brustkorbes wie in Abb. 18 dargestellt.

Ihre Hand liegt nun auf dem Bereich ihres Herzfeldes, d.h., dahinter in der Tiefe befindet sich Ihr Herz. Manche Menschen können auch ihren Herzspitzenstoß an der linken vorderen Brustwand tasten. Das Herzfeld ist eine Möglichkeit, wohin Sie die Aufmerksamkeit beim Herzerlebnis lenken können.

Eine weitere Möglichkeit ist das Spüren des Pulsschlags. Es gibt nur wenige Stellen am Körper, an denen eine solche Empfindung gut möglich ist. Am einfachsten ist die Konzentration auf die Fingerspitzen, da der Tastsinn dort mit sehr vielen Nervenendigungen auch feine Veränderungen spüren kann. Legen Sie Ihre Fingerspitzen wie in Abb. 19 aufeinander und schließen Sie kurz die Augen, um Ihren Tastsinn besser wahrzunehmen.

Spüren Sie das feine Pulsieren? Besonders gut ist der Puls mit warmen Händen fühlbar.

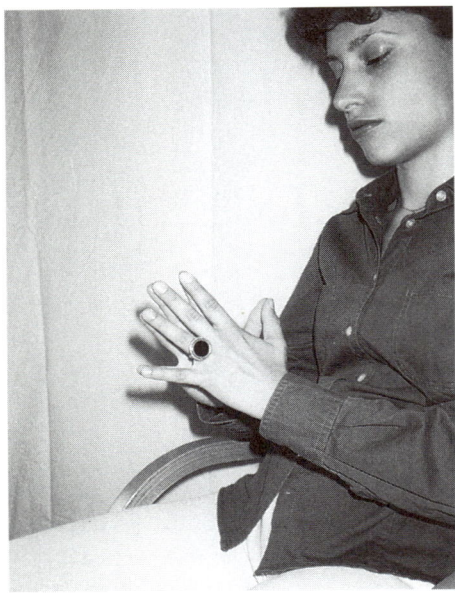

Abb. 19: Spüren des Fingerpulses

Übungsablauf Die AT-Übung führen Sie wieder in der normalen Haltung mit den Händen auf den Oberschenkeln durch.
Die möglichen Herzformeln lauten:

* Herz schlägt ruhig und gleichmäßig
  oder
* Pulsschlag ruhig und gleichmäßig

Das Vorgehen kennen Sie nun schon von den beiden anderen Organübungen. Beginnen Sie die Übung locker und entspannt. Insbesondere Menschen mit »nervösem« Herzen sollten nicht zuviel erwarten.

Was können Sie spüren?

● Viele Menschen finden zu ihrem Pulsschlag leichter Zugang als zum Herzfeld. Dieser kann wie in der Vorübung in den Fingerspitzen spürbar sein. Weitere Möglichkeiten sind der Oberbauch und das Becken, eher selten die Füße. Oftmals unangenehm wird der Puls am Hals oder Bereich des Kopfes erlebt (es besteht wohl dabei eine enge Verbindung zu Erfahrungen von körperlicher Anstrengung), so daß diese Konzentration nicht zu empfehlen ist.

● Wenn Sie den Herzschlag unmittelbar im Bereich des Herzfeldes gespürt haben, können Sie auch eine direktere Beziehung zum Herzen als inneres Organ aufnehmen. Manche Menschen berichten über Wärmegefühle im Brustbereich, andere erleben den Brustraum größer und erweitert.

● Wie schon ausgeführt, spüren wir unseren Ruhe-Herzschlag nur mit etwas Mühe. Dies ändert sich jedoch schnell, wenn wir körperliche Leistung erbringen oder aufgeregt sind. Dann drängt sich unser Herz mit Klopfen in den Vordergrund, der Brustraum wird als eingeengt erlebt, das Herz schlägt bis zum Hals etc. Die Konzentration auf das Herz-Kreislaufsystem kann natürlich auch an solche eher wenig angenehmen Zustände erinnern. Die Menschen, die einen guten Bezug zu ihrem Herzen haben und es bisher nicht negativ wahrgenommen haben, werden jedoch auch bei dieser AT-Übung kaum Probleme haben.

● Schwierigkeiten treten bei Menschen auf, die ihr Herz auch in körperlichen Ruhesituationen immer wieder überdeutlich und unangenehm wahrnehmen. Weiter oben haben wir diesen Bezug als »nervöses« Herz beschrieben. Auch für Menschen mit Herzangst oder nach schweren Herzerkrankungen (Herzinfarkt) kann der entspannte Zugang zum Herzen blockiert sein, obwohl gerade für diese Personengruppe ein positives Herzerlebnis sehr wichtig wäre. Wir empfehlen dann, diese Übung zunächst auszulassen und sich eher der Atemübung zuzuwenden, die in den meisten Fällen einen entspannten Zugang zum Brustbereich ermöglicht.

● Der Herzschlag ist für uns nicht nur eine ganz zentrale und lebenswichtige körperliche Funktion, sondern er ist auch psychisch sehr bedeutungsvoll. Der Herzrhythmus der Mutter ist eine der ersten Wahrnehmungen, die wir schon im Mutterleib machen können. Beim Stillen an der Brust der Mutter liegt unser Ohr am Herzen und führt zu einem komplexen Erleben von Nahrungsaufnahme und Sich-geborgen-Fühlen. Solche bedeutungsvollen Zusammenhänge fließen natürlich in das Herzerlebnis ein.

Anwendungsmöglichkeiten Der Einsatz der Herzübung bei Störungen erfordert daher mehr als bei den anderen Organübungen positive Erfahrungen mit den Herzformeln. Dann allerdings kann diese Übung sehr gut bei allen funktionellen Herzrhythmusstörungen eingesetzt werden. Auch damit verbundene Engegefühle und Ängste sind beeinflußbar. Bei Bluthochdruck ist die Formel

- Pulsschlag ruhig und gleichmäßig
  geeignet, bei niedrigem Blutdruck eher die Formel
- Herz schlägt ruhig und kräftig

Ein weiterer Anwendungsbereich liegt in der Unterstützung bei der Behandlung von Angststörungen. Ähnlich wie die Atemübung kann auch der Herzrhythmus und die Konzentration auf das Kreislaufsystem Blockaden lösen und ein strömendes Gefühl im Körper erzeugen.

Die Stirnkühlübung

Diese Übung steht bewußt am Ende der Organübungen. Einerseits hat sie einen gewissen aktivierenden Effekt. Andererseits leitet diese Übung durch das Ansprechen des kühlen (klaren) Kopfes über zur Einflußnahme auf psychische Abläufe. Die angenehme Kühle ist als Kontrasterlebnis zum entspannten warmen Körper gedacht. Dies ist Ausdruck eines gesunden Organismus getreu dem Spruch: »Den Kopf halt' kühl, die Füße warm, das macht den besten Doktor arm«.

Vorübung mit offenen Augen Wenn Sie sich mit der Hand oder einem Blatt Papier einmal kräftig Luft zufächeln, bemerken Sie die kühlende Wirkung dieses Luftstroms auf der Stirne und gewinnen eine Vorstellung von der zu erwartenden Intensität der AT-Übung. Es geht nur um Kühle, nicht um Kälte!

Übungsablauf Die Formel für die Stirnkühle lautet:

- Stirn angenehm kühl

Die Übung kann wie üblich mit der Kurzformel angewendet werden. Bei Kombinationen mit anderen Organübungen steht die Stirnkühle wegen des aktivierenden Effektes am Ende der Gesamtübung.

Da viele Menschen zu Kopfschmerzen und zu Schulter-Nacken-Verspannungen neigen, hat es sich bewährt, diese Originalübung von Schultz durch zwei weitere Übungen bzw. Formeln zu ergänzen.

Die ergänzende Schulter-Nacken-Übung
Mit der Formel

- Schultern und Nacken strömend warm

konzentrieren wir uns auf die Muskulatur des Schulter-Nackenbereiches und lassen dort Wärme entstehen. Dies wird dort angenehmer erlebt als die Schwere, die wir sonst in den Muskeln herbeiführen.

Über die Schultern entsteht auch noch einmal eine bewußte Verbindung beider Arme, so daß auch hier das Wärmeerlebnis intensiviert werden kann.

Die ergänzende Kopfübung
Mit der Formel

- Kopf klar und frei

wird der ganze Kopf einbezogen, wobei es dem Übenden selbst überlassen ist, ob er eher ein körperliches oder ein psychisches Entspannungserleben entwickelt. Diese Formel leitet auch vom Inhalt her schon zu einer Leitsatzbildung (siehe nachfolgenden Abschnitt) über.

Die drei Übungen können getrennt und auch kombiniert durchgeführt werden. Als Kombination empfehlen wir folgende Reihenfolge:

- Schulter und Nacken strömend warm
- Stirn angenehm kühl
- Kopf klar und frei

Was können Sie spüren?

● Die Wärme im Schulter-Nacken-Bereich bereitet beim jetzigen Übungsstand in der Regel keine Probleme mehr. Oft wird die allgemeine Entspannung noch einmal verstärkt. Durch die Konzentration auf den Nacken können noch bestehende Verspannungen in dieser Region bewußter werden, möglicherweise anfangs auch unangenehm. Durch das Loslassen der Nackenmuskulatur kann der Kopf mehr und mehr nach vorne sinken. Über die Verbindung zur Mundbodenmuskulatur werden gezielte Entspannungsempfindungen im unteren Gesichtsbereich möglich. Diese Übung kann außerdem das Kontrasterlebnis zur Stirnkühle verstärken.

● Eine kühle Stirn ist angenehm, die Vorübung mit dem kühlen Luftstrom lenkt unsere Empfindungen zumeist bereits in diese Richtung. Manchem fällt es jedoch schwer, von der sonst üblichen Wärmekonzentration jetzt auf Kühle umzuschalten. Auch kann uns die Stirne an Hitze, Schwitzen und Anstrengung erinnern. Ebenso können zu viele Haare vor der Stirne störend wirken.

● Sollten während der Übung einmal Kopfschmerzen auftreten, dann sollten Sie, wie sonst auch bei unangenehmen Empfindungen, die Übung unmittelbar beenden. Bei schon bestehenden Kopfschmerzen kann die Übung nach einiger Vorerfahrung auch sehr hilfreich sein. Jedoch nicht während eines Migränenfalls anwenden!

● Einen klaren und freien Kopf wünschen wir uns natürlich. Hier können Wahrnehmungen auftreten, wie wir sie auch nach einem kurzen Schlaf untertags manchmal erleben können. Wir fühlen uns innerlich aufgeräumt und frei für neue Gedanken und Erlebnisse. Ansonsten sind hier individuell sehr unterschiedliche Empfindungen möglich.

Anwendungsmöglichkeiten Die Wärme im Nacken wirkt unmittelbar auf muskuläre Verspannungen im Bereich der Halswirbelsäule und der Schultern. Auch Spannungskopfschmerzen, die vom Nacken über den Hinterkopf nach vorne ausstrahlen, lassen sich gezielt beeinflussen. Ebenso Verspannungen im unteren Gesichtsbereich, die zu Kieferfehlfunktionen, nächtlichem Zähneknirschen und Schmerzen führen. Hier hat sich ergänzend die Formel

• Gesicht glatt und gelöst

bewährt. Der Migränekopfschmerz sollte mit AT nur nach ärztlicher Absprache behandelt werden, da Migränepatienten mit der Stirnkühl-Formel im ungünstigsten Fall sogar einen Migräneanfall auslösen können. Wegen des aktivierenden und erfrischenden Effektes kann die Übung untertags gut zur Verbesserung der Konzentration und geistigen Leistungsfähigkeit herangezogen werden. Man sollte sie daher abends im Bett nicht mehr anwenden.

Bei psychischen Störungen wird das nüchterne und klare Denken oft durch belastende Gefühle unterschiedlichster Art beeinträchtigt. Hierbei findet das AT natürlich eine breite Anwendung. Die Kopfübung kann hier in Ergänzung zu den Grundübungen gezielte Erleichterung bringen und das Erleben von Selbstkontrolle verstärken.

Zusammenfassung

Hier noch einmal alle Formeln im Überblick:

• Ich bin ganz ruhig
• Arme und Beine sind schwer
• Arme und Beine sind warm
• Kurzformel: Ruhe – Schwere – Wärme
• Es atmet mich, es atmet in mir, Atmung ruhig und gleichmäßig
• Sonnengeflecht/Bauch strömend warm
• Herz schlägt/Pulsschlag ruhig und gleichmäßig
• Schultern und Nacken strömend warm
• Stirn angenehm kühl
• Kopf klar und frei

Fehlentwicklungen im AT

Leider ist es in den letzten 20 Jahren sehr in Mode gekommen, von der einfachen und erprobten Vorgehensweise von J.H. Schultz abzuweichen. Vielfach werden die Übungen lediglich im Liegen durchgeführt, die Zeitdauer wird oftmals auf 20 bis 30 Minuten ausgedehnt. Nicht selten redet der Trainer ständig, anstatt die Übenden ihren eigenen Formelrhythmus finden zu lassen. Es werden völlig andere Formeln oder Hilfselemente wie Musik, Meeresrauschen, Aromadüfte, meditative Bilder, imaginative Traumreisen etc. verwendet. Eigenartige Kombinationen mit esoterischen Ansätzen werden immer wieder unter dem seriösen Deckmantel des AT angeboten. Anstatt die Übenden zur Anwendung des AT im Alltag anzuhalten, gefallen sich manche Lehrer darin, die Lernenden in einer guruhaften Abhängigkeit zu halten. Dazu paßt dann auch, daß solche Trainer zu teuren Preisen von ihnen selbst besprochene Entspannungskassetten anbieten, oft auch mit schöner Musik unterlegt.

Seien Sie also kritisch: Autogenes Training bedeutet, daß Sie selbst durch Ihre eigene Kraft der Gedanken – also autogen – lernen, sich zu entspannen. Wenn Sie das gut beherrschen, können Sie natürlich nach Ihren persönlichen Vorlieben Varianten entwickeln.

Die sogenannte Oberstufe

Der Begriff »Oberstufe« führt oft zu Mißverständnissen, da viele zunächst annehmen, daß es sich dabei (nach dem Erlernen der Grund- und Aufbaustufe) um ein AT für Fortgeschrittene handelt. Schultz trug selbst etwas zu diesem Irrtum bei, indem er die Oberstufe als die »gehobenen Aufgaben des AT« bezeichnete. Die Oberstufe ist jedoch eine selbständige Methode zur Wahrnehmung und Erfahrung eigener, vorher nicht bewußter Persönlichkeitsanteile. Es handelt sich um ein spezielles Verfahren, das sinnvollerweise nicht in Eigenübungen durchgeführt wird, sondern der qualifizierten psychotherapeutischen Anleitung bedarf. Der autogene Entspannungszustand wird dabei über eine Art meditativen Tagtraum zur Selbsterfahrung und tieferen Einsicht in die eigene Persönlichkeit genutzt.

Nicht jeder ist für ein solches Vorgehen geeignet. Manche Menschen erleben bei den meditativen Traumreisen spontan nur wenig oder gar überhaupt nichts. Sie werden enttäuscht, wenn sie keine Unterstützung erhalten, einen besseren Zugang zu sich selbst zu finden. Andere reagieren sehr sensibel auf die Konfrontation mit Teilen ihrer Persönlichkeit und geraten aus dem seelischen Gleichgewicht, wenn ihre Erlebnisse nicht psychotherapeutisch »aufgearbeitet« werden. Es können ähnliche Schäden wie nach Hypnoseshows auftreten.

Unter richtiger Anleitung ist die Oberstufe jedoch ein sehr kreativer Anwendungsbereich des AT, der zumeist ebenfalls in Form eines Kurses abläuft. In systematischer Folge werden Farbeindrücke, Gegenstände, Bewegungsabläufe und Szenen (wie die Reise auf den Meeresgrund, der Weg auf einen Berg) im entspannten Zustand erlebt. Die Übungen dauern zwischen 10 und 30 Minuten. Die Kursteilnehmer tauschen sich danach über ihre Erlebnisse aus. Dieses gemeinsame Gespräch ist ein ganz wichtiges Element der Oberstufenübungen, da es der Verarbeitung des Erlebten dient. Manche Kursleiter lassen die entstandenen Bilder auf Papier malen oder regen die Teilnehmer an, weitere Ideen dazu zu entwickeln.

Vorbedingung für die Oberstufe ist, daß der Teilnehmer das AT zuverlässig gelernt hat. Man muß in der Lage sein, die Konzentration und Aufmerksamkeit über längere Zeit zwischen dem Wachsein und dem Schlaf halten zu können. Schlecht Trainierte schlafen in der Regel nach wenigen Minuten ein. Je besser man sich jedoch dem entspannten Zustand überlassen kann, desto mehr erlebt man interessante Bilder aus der Tiefe der eigenen Persönlichkeit.

Die Oberstufe des AT, die also eher stabile psychische Qualitäten voraussetzt, gibt es in ähnlicher Vorgehensweise auch als Psychotherapieform. Die Katathym-imaginative Psychotherapie ist ebenfalls eine Tagtraummethode. In Einzelsitzungen wird dabei im entspannten Zustand ein ständiger Kontakt mit dem Therapeuten gehalten, und die Erlebnisse können so unmittelbar psychotherapeutisch bearbeitet werden.

Wie kann AT nach Ende des Kurses weiter angewendet werden?

Eingangs hatten wir eine Kursteilnehmerin mit den Worten zitiert: »Nachdem der Kurs zu Ende war, habe ich es nicht mehr weiter geübt, ich hatte im Berufsalltag einfach keine Zeit dazu.«

Diese oder ähnliche Feststellungen sind leider recht häufig. Zwar ist das Fundament gelegt, doch bevor das AT vom Übenden individuell weiter ausgebaut wird, gerät es in Vergessenheit. Eine umfangreiche wissenschaftliche Untersuchung an mehr als 500 Kursteilnehmern ergab, daß nach zwei Jahren nur noch ein Drittel von ihnen AT-Übungen durchführte und dies auch nur »mehrmals im Monat«. Von diesem Drittel gab es jedoch eine kleinere Untergruppe, die das AT ganz selbständig für sich persönlich weiterentwickelt hatte. Diese Menschen hatten das AT in ihren Alltag integriert und durch weitere Formeln und Leitsätze ergänzt. Sie waren in der Anwendung auch deutlich flexibler geworden.

AT muß regelmäßig geübt werden

Interessant bei dieser Studie war, daß es kaum Kursteilnehmer gab, die das AT nur gelegentlich durchführten, z.B. einmal im Monat bei Periodenschmerzen oder alle vier bis sechs Monate für die Vorbereitung zu einer Prüfung. Dies erklärt sich dadurch, daß der einmal gelernte Entspannungsreflex immer wieder durch Üben verstärkt werden muß, sonst verliert er seine Wirksamkeit. Wer einige Wochen nicht geübt hat, merkt natürlich die nachlassende Wirkung und hört ganz mit dem AT auf.

Nach längerer Pause muß dann wieder neu trainiert werden, wie bei anderen Fähigkeiten, die man nicht genutzt hat, z.B. eine Sprache, ein Musikinstrument, eine Sportart. Will man autogen »in Form« bleiben, so muß man das AT täglich üben, d.h. in den Tagesplan einbauen wie schlafen und essen.

Keine Zeit für Autogenes Training zu haben ist, wie wir schon festgestellt haben, im wesentlichen eine Frage der Motivation. Erstellt man während der Lernphase eine Motivationskurve, so kann man feststellen, daß das Interesse am AT und die Übungsbereitschaft von Beginn des Kurses bis ungefähr zur Mitte hin ansteigt. Ab der fünften oder sechsten Stunde ist bei vielen der Reiz des Neuen vorbei, das Umsetzen der Übungen in den Alltag verlangt mehr Engagement und die Übungshäufigkeit nimmt ab. Nicht erst am Ende eines Kurses, sondern schon in der Lernphase muß die Motivation zum Üben gestärkt werden.

Was haben Sie bisher für Ihre Motivation zum AT gemacht?

Wenn Sie dieses Buch bis hierher gelesen haben, wird Ihnen aufgefallen sein, daß es uns nicht darauf ankam, daß Sie sich mit voller Überzeugung in das Lernen des AT stürzen sollten.

● Viel wichtiger waren immer wieder Ihre eigenen Wahrnehmungen und Erfahrungen. In den verschiedenen kleinen Übungen wollten wir kein Standardgefühl erzeugen, sondern durchaus eine kritische Auseinandersetzung mit dem AT fördern.

● Es ist ganz wesentlich, daß Sie einen eigenen Bezug zum AT entwickeln. Was Sie sich persönlich erarbeitet haben, werden Sie als wertvolle Erfahrung behalten.

● Auf die Frage, wie wir uns dazu motivieren können, das AT nicht irgendwann in die Mottenkiste zu packen, sondern regelmäßig weiterzuüben, haben wir die Antwort in der Form gefunden, daß AT so alltagsnah und anwendungsbezogen wie möglich vermittelt werden muß. Wir hoffen, daß der praxisnahe Aufbau dieses Buches auch Sie angesprochen hat.

● Sie haben von vornherein kurze Übungen ohne zusätzliche Hilfestellungen durchgeführt. Dadurch haben Sie gelernt, den Entspannungsreflex in kurzer Zeit herbeizuführen, was für die Anwendung im Alltag unumgänglich ist.

● Sie haben das AT auch inzwischen mehr oder weniger in Ihren Tagesablauf integriert. Zusätzliche Anregungen zur Weiterentwicklung diesbezüglich finden Sie detailliert im 4. Kapitel.

● Sie haben das regelmäßige Üben durch das Führen eines Wochenprotokolls unterstützt. Möglicherweise beginnt der Tag für Sie inzwischen schon mit einer kurzen Entspannung. Vielleicht haben Sie auch schon eigene Anwendungsvarianten entwickelt.

Was können Sie weiterhin tun?

● Das Wichtigste ist, daß Sie das AT mit dem Erlernen der Technik und dem immer zuverlässiger eintretenden Entspannungsreflex nicht als abgeschlossen ansehen. Haben Sie Interesse an einer Weiterentwicklung? Gibt es Situationen, in denen Sie AT gerne anwenden würden? Haben Sie Ziele, die Sie mit dem AT erreichen könnten? Wollen Sie weitere Anwendungsbereiche kennenlernen? Würden Sie gerne etwas mit dem AT herumexperimentieren?

● Führen Sie weiterhin Protokoll? Vielen ist das zu aufwendig. Vielleicht können Sie dem AT in Ihrem Taschenkalender eine kleine Rubrik einräumen, in die Sie mit verschiedenen Zeichen (z.B. ++, +, 0, –, ––) die Übungen dokumentieren. Manche tragen sich AT-Übungen auch als feste Termine in ihren Planer ein, um sich dann nichts anderes vorzunehmen.

● Als nächstes wäre die Bildung eines persönlichen Leitsatzes (siehe nachfolgender Abschnitt) zu empfehlen. Auch wenn Sie keine Probleme haben und sich mit Ihrer Persönlichkeit im Gleichgewicht befinden, führt die Auseinandersetzung mit der Leitsatzfrage zu interessanten Anregungen und Erfahrungen.

● Erfahrungsgemäß wird das AT besonders dann weitergeübt, wenn man sich weitere feste Ziele vornimmt. Ein solches Ziel könnte z.B. die Teilnahme an einem Oberstufenkurs sechs bis acht Monate später sein. Zu einem früheren Zeitpunkt bringt das meistens wenig, da man dazu wirklich gut AT-trainiert sein sollte.

● Es ist auch keine Schande, den Grundkurs nach einiger Zeit noch einmal zu wiederholen. Wenigstens jeder Dritte, der heute einen AT-Kurs belegt, hat dies früher schon einmal gelernt. Ein solcher Wiederholungskurs ist eine ausgezeichnete Möglichkeit zur Auffrischung und persönlichen Weiterentwicklung.

● Zur Stärkung Ihrer Motivation sollten Sie sich vielleicht auch das folgende Kapitel über die persönliche Selbstbeeinflussung durch Leitsätze durchlesen und mit Ihren Interessen vergleichen.

Selbstbeeinflussung durch persönliche Leitsätze im AT

In der Grund- und Aufbaustufe des AT haben wir gelernt, unsere normalen vegetativen Funktionen zu beeinflussen. Wir haben nichts grundsätzlich Neues lernen müssen, sondern lediglich unsere Aufmerksamkeit auf vorher nicht bewußte Wahrnehmungen gelenkt und autogen einen Entspannungsreflex eintrainiert. Wir haben dabei erlebt, daß es die Kraft unserer Gedanken ist, die körperliche Veränderungen herbeiführen kann. Sie erinnern sich an das Zitronenexperiment, das sehr unterschiedliche Reaktionen auslöste.

Im Grunde übertragen wir jetzt diese Erfahrungen auf andere Bereiche und nehmen an, daß andere Worte, zusammengefaßt in Leitsätzen, nach dem gleichen Muster wie die Standard-AT-Formeln wirken.

Das Chevreulsche Pendel

Wir möchten Sie jetzt zu einer Übung einladen, in der Sie die unmittelbare Wirkung von Sätzen auf Ihr Verhalten erleben können. Die Pendelübung ist nach dem Marquis de Chevreul (1812) benannt und nicht zu verwechseln mit dem Pendeln, das für okkulte Zwecke benutzt wird.

Das Chevreulsche Pendel

Zunächst benötigen Sie ein Pendel. Die Pendelschnur sollte ca. 20 cm lang sein. Daran hängen Sie ein leichtes Gewicht von 20 bis 30 Gramm. Gut geeignet dazu ist ein Halskettchen mit Anhänger, Ihrer Phantasie der Pendelkonstruktion seien jedoch keine Grenzen gesetzt. Besonders gut gelingt der Versuch, wenn Sie das Pendel wie eine Angel an einem kurzen Stock befestigen.

Sie nehmen das Pendel nun zwischen Daumen und Zeigefinger der rechten Hand und halten den Arm leicht gebeugt vor sich, so daß das Pendel gut schwingen kann. Die Hand sollte dabei ungefähr in Augenhöhe liegen, der Blick ist auf das Pendelgewicht gerichtet. Sie halten das Pendel ganz ruhig und vermeiden bewußte Schwingbewegungen mit der Hand.

Nun sagen Sie sich innerlich den Satz:

- Das Pendel schwingt von vorne nach hinten

Halten Sie den Arm weiterhin ganz ruhig und konzentrieren Sie sich auf das Pendelgewicht. Wiederholen Sie immer nur den Satz (natürlich in der Form, wie Sie es vom AT gewöhnt sind, denn wenn Sie an etwas ganz anderes denken, funktioniert die Übung nicht). Sollten Sie damit nicht erfolgreich sein, nehmen Sie den Satz:

- Das Pendel schwingt von rechts nach links

oder

- Das Pendel kreist

Am Ende kommt dann der Satz:

- Das Pendel steht still

Der Carpenter-Effekt

● Sie haben den sog. Carpenter-Effekt erlebt. Dieser besagt, daß die Vorstellung einer Bewegung auch zu genau dieser Bewegung führt. Der vorgestellte Satz bewirkt eine Veränderung unserer Denkmuster, die in den jeweiligen Bewegungszentren im Gehirn eine Aktivierung auslöst, so daß die Tendenz zur tatsächlichen Durchführung der Bewegung verstärkt wird. Sportler nützen dies bei der Vorbereitung auf einen Wettkampf zur Leistungssteigerung. Auch komplexe körperliche Bewegungsabläufe können dadurch vorgebahnt werden.

● Sie haben sich auf einen Satz konzentriert und damit Ihr Verhalten auf einer tieferen unbewußt-unwillentlichen Ebene beeinflußt. Diesen Vorgang nennt man auch Autosuggestion. Wichtig war dabei die klare Zielvorgabe (Pendel schwingt von vorne nach hinten), sonst hätte die Vorstellung kaum wirksam werden können.

● Das Ausmaß der Selbstbeeinflussung hängt auch davon ab, wie konzentriert Sie die Übung durchführen konnten. Waren viele andere Gedanken da oder waren Sie abgelenkt, so ist das Ergebnis weniger überzeugend. Sind Sie jedoch voll bei der Sache, so kann es zu erheblichen Schwingungen kommen.

Was beeinflußt unsere Gedanken und Gefühle?

Diese Übung sollte Ihnen noch einmal als unmittelbarer Beleg dafür dienen, daß es jenseits der bewußten Planung unseres Verhaltens auch Reaktionsweisen aus tieferen Bereichen unserer Persönlichkeit gibt. Diese tieferen Schichten sind unserem kritischen, wachen Denken zumeist nicht zugänglich, sondern wir haben von dort ähnlich autonome Reaktionen zu erwarten, wie wir sie auch vom vegetativen Nervensystem her kennen. Es ist auch wichtig zu wissen, daß diese tieferen Schichten ständig unsere Gedanken, Gefühle und unser Verhalten beeinflussen, auch wenn wir dies nicht unmittelbar merken. Oft stehen wir staunend vor dem Ergebnis und wundern uns über unsere Gefühle und unser Handeln.

Beeinflussung der tieferen Persönlichkeitsschichten

Es ist naheliegend, daß Selbstbeeinflussungen, die diese tieferen Schichten der Persönlichkeit ansprechen, weitaus wirksamer sind als das, was wir sonst den ganzen Tag zu uns sagen. Genau an dieser Stelle setzen die Leitsätze an. Wenn ein ängstlicher, wenig durchsetzungsfähiger Mensch sich z.B. bewußt immer wieder den Satz *»Meine Meinung ist wichtig, ich bin frei von Angst«* sagt, wird er damit wenig ausrichten können, denn er erreicht damit nicht die tieferen Bereiche seiner Persönlichkeit, aus denen solche Ängste und Unsicherheiten herrühren. Wenn er aber zunächst einen Entspannungsreflex herstellt, ist er im entspannt-konzentrierten Zustand diesen tieferen Bereichen viel näher. Läßt er den gleichen Satz jetzt einfließen, so erhält dieser quasi eine Tiefenwirkung.

Dies ist das Wirkprinzip der Leitsatzbildung: Der Satz muß auf einen entspannt konzentrierten Zustand treffen. Er muß unser kritisches und kontrollierendes Denken umgehen können und in der Tiefe in uns wirken können.

Leitsätze in der Werbung

Ein Bereich, in dem diese Tiefenwirkung systematisch genutzt wird, um uns zu beeinflussen, ist die Werbung. Werbetexte haben sehr viel Ähnlichkeit mit Leitsätzen. Sie wollen den Hörer oder Leser im weniger aufmerksamen, entspannten Zustand erreichen, deswegen sind sie oft sehr einfach und kurz. Sie benutzen Schlagworte und suggerieren ein gutes Gefühl beim Kauf und Konsum des Produktes, denken Sie z.B. an den bekannten Spruch »Mach mal Pause, trink –«. Wenn Sie eine Zeitschrift durchblättern, werden Ihnen viele weitere Beispiele auffallen.

Auch bei Seminaren zur Persönlichkeitsentwicklung, bei Abnehmprogrammen und Nichtraucherkursen, bei Managerschulungen und Bewerbungstrainings wird die Wirksamkeit solcher kurzen inneren Sätze konsequent genutzt.

Man kann nun aber nicht einfach irgendeinen Satz hernehmen, sondern Leitsätze sollten nach bestimmten Regeln gebildet werden.

Acht Regeln zur Bildung von Leitsätzen

Wenn Sie die folgenden Regeln beachten und bei den Formulierungsideen entsprechend kreativ sind, kann eigentlich nichts schiefgehen.

1) Leitsätze sollten kurz und klar sein

Je prägnanter die Aussage ist, desto wirksamer wird der Satz sein, z.B. »*Ich bin sicher und gelassen*«, »*Ich schaffe es*«, »*Gelassenheit und Selbstvertrauen*«.

Die AT-Formeln oder auch die Kurzformel sind hierfür ein schönes Beispiel.

2) Leitsätze sollten positiv formuliert sein

Verneinungen sollten vermieden werden. Der Satz »Keine Angst!« könnte positiv »*Ich bin frei von Angst*« oder noch besser »*Ich bin ruhig und gelassen*« lauten.

3) Leitsätze sollten persönlichkeitsnah sein

Am besten sollten Worte aus der persönlichen Umgangssprache gewählt werden, gegebenenfalls auch ein Dialekt oder die Muttersprache. Ein Jugendlicher formulierte »*Ich bin ganz cool*«.

4) Leitsätze sollten realisierbar sein

Die anvisierten Ziele sollten erreichbar sein. Für einen Menschen mit einer Angststörung kann der Satz »*Ich bin frei vor. Angst*« utopisch sein. Realisierbare Zwischenziele wären Sätze wie »*Ich bin aktiv*«, »*Ich vertraue meinem Körper*« oder eine Verbindung mit Entspannungsübungen der Organe, deren Funktion in solchen Fällen oft ängstlich beobachtet wird.

5) Leitsätze sollten in möglichst einfacher und konkreter Sprache formuliert sein

Man sollte von vornherein vermeiden, nichtssagende, abstrakte Begriffe wie Glück, Harmonie, alles wird besser, ich bin gut u.ä. zu verwenden. Als eine gewisse Orientierung mag hier der Hinweis dienen, daß besonders die Worte geeignet sind, zu denen Ihnen in der Vorstellung ein Bild oder ein konkreter Zusammenhang einfällt. Günstig wirken auch Sätze mit einem bestimmten Rhythmus oder einem Reim am Ende. »*An jedem Ort, zu jeder Zeit – kommt Ruhe und Gelassenheit*«. Bei diesem Satz ergänzen sich Reim und Rhythmus zu einem beinahe melodieartigen Sprachfluß.

6) Sinnvoll sind Formeln, in denen zunehmende Gelassenheit gegenüber einem Problem entwickelt wird

Dies kann mit Begriffen wie »*zunehmend*«, »*von Tag zu Tag*«, »*immer weniger*« verstärkt werden. Hilfreich ist auch eine Formulierung in zwei Teilen, wobei der erste Teil einen Abstand zum Problem herstellt, der zweite eine positive Alternative aufbaut, z.B. bei Schlafstörungen »*Schlafen gleichgültig – Ruhe wichtig*«.

7) Die konkrete Anwendung sollte erst dann erfolgen, wenn der Entspannungsreflex zuverlässig herbeigeführt werden kann

Wenn der Entspannungsreflex noch nicht zuverlässig herbeigeführt ist, kann der Leitsatz nicht sonderlich wirksam werden. Der Satz bleibt auf der Ebene der bewußten Kontrolle und wirkt nicht in tiefere Schichten.

8) Eine zu frühe Anwendung von Leitsätzen kann zu negativen Effekten führen

Es kann in solchen Fällen zu Enttäuschungen kommen und die Motivation zum AT geht verloren.

Damit aber keine Mißverständnisse entstehen: Das Nichteinhalten dieser Regeln wird zu keinem Schaden führen, es kann nichts Schlimmes passieren. Es wird aber dann mit hoher Wahrscheinlichkeit auch wirklich nichts passieren, d.h., der Satz wird nicht wirksam sein.

Formeln zur Beeinflussung störender Symptome

Eine spezielle Form der Leitsätze sind die »Symptomformeln«, manchmal auch als »formelhafte Vorsatzbildung« bezeichnet. Sie beziehen sich auf die Veränderung umschriebener Störungen und konkreter Probleme.

Wir können mit den Symptomformeln Beschwerden beeinflussen, die relativ akut auftreten und nur kurze Zeit störend vorhanden sind, z.B. Hustenreiz und verstopfte Nase bei Erkältung und Allergie, Juckreiz der Haut bei Sonnenbrand, Bauchschmerzen, Fieber, Schmerzen bei Muskelverspannungen, Konzentrationsschwierigkeiten vor einer Prüfung, Einschlafstörungen vor einem wichtigen Termin, Angst vor dem Zahnarztbesuch u.ä.

Damit Sie selbst die Anwendung von Symptomformeln einmal unmittelbar erleben können, führen Sie folgende Übung durch.

»Mund und Rachen warm«

Sie stellen zunächst den normalen Entspannungszustand her. Nach einiger Zeit konzentrieren Sie sich mit der Formel

- Mund strömend warm

auf Ihre Atmung. Sie atmen durch die Nase ein und durch den nur leicht geöffneten Mund langsam aus. Schon allein dadurch entsteht ein verstärktes Wärmegefühl in der Mundhöhle. Sie verstärken dieses Gefühl durch die Vorstellung, daß die Ausatmungsluft aus dem Körperinneren deutlich erwärmt durch den Mund strömt. Bei einer Zimmertemperatur von 21 Grad und einer Körpertemperatur von 36 Grad kommt die Luft ohnehin erheblich wärmer aus der Lunge zurück. Jetzt stellen Sie sich einen Hustenreiz vor, der sich im Rachen entwickelt. Im weiteren lassen Sie mit der Formel

- Mund und Rachen warm

die angenehm warme Luft durch den Rachen strömen und auf die Schleimhaut dort beruhigend wirken. Die Übung beenden Sie mit der Rücknahme.

Zugegeben eine anspruchsvolle Übung, die unter persönlicher Anleitung besser gelingt. Wichtig ist aber das Prinzip, Sie können den Ablauf mit persönlichen Varianten wiederholen.

Leitsätze zur Veränderung von Persönlichkeit und Lebensstil

Während die Symptomformeln relativ spontan gebildet werden können, sollten die Leitsätze zur Persönlichkeit gut ausgewählt und individuell entwickelt werden. Denn wir erwarten von diesen Formeln, daß sie, längerfristig angewendet, tiefer auf unsere Persönlichkeit einwirken. Hierfür benötigt man wirklich etwas Geduld und Zeit.

Wie wirksam solche persönlichen Leitsätze sein können, bewies J. Lindemann, der 1956 mit einem Faltboot alleine in 72 Tagen den Atlantik überquerte. Den erfolgreichen Abschluß dieses Abenteuers, das vor ihm über 100 Menschen mit dem Leben bezahlen mußten, schreibt Lindemann dem AT zu. Er habe all das nur bewältigen können, nachdem er schon vorher monatelang die Leitsätze »Kurs West« (als Zielrichtung) und »Ich schaffe es« (als persönlichkeitsstützende Formel) eingeübt hatte.

Im Gegensatz zu den Symptomformeln sind Persönlichkeitsleitsätze nicht so konkret und beziehen sich nicht nur auf eine umschriebene Situation. Sie orientieren sich oft auf weitergehende Ziele oder umfassendere Veränderungen. Sie müssen über einen längeren Zeitraum geübt werden, um wirksam zu werden. Auch die oben genannten acht Regeln sollten unbedingt beachtet werden.

Eine der Hauptschwierigkeiten bei der Leitsatzbildung ist, daß wir unangenehme Probleme gerne verdrängen und verleugnen. Damit wir uns nicht über unsere innere Wirklichkeit hinwegsetzen, ist eine kritische eigene Bestandsaufnahme notwendig. Je eindeutiger Sie Ihr Problem erfassen können, desto einfacher wird die Entwicklung eines Leitsatzes zu seiner Veränderung sein.

Wie gehen Sie konkret vor?

● Zunächst müssen Sie sich klar darüber werden: wo habe ich Probleme? Welche Personen, Situationen, Gedanken oder Gefühle sind mir unangenehm? Was stört mich an mir? Was möchte ich verändern?

● Als nächstes kommen Fragen wie: Welche innere Einstellung würde mir gut tun? Welche Kräfte und Ressourcen könnte ich aktivieren? Welches Ziel strebe ich an? Gibt es Teilziele, die formuliert werden müssen? Es ist durchaus sinnvoll, diese Überlegungen während einer verlängerten Entspannungsübung auf sich wirken zu lassen. Schultz empfahl in diesem Zusammenhang die Konzentration auf folgende Formel: »Vor meinem inneren Auge erscheint ein Bild. Das Bild sagt mir, was ich verändern kann«.

● Welche Worte sind aussagekräftig und beschreiben griffig die Zielrichtung? Sammeln Sie erst einmal. Schreiben Sie ruhig ein Dutzend verschiedener Begriffe und Sätze auf ein Blatt Papier. Manchmal kann es auch sinnvoll sein, sich mit dem Partner oder mit Freunden darüber zu unterhalten und dadurch Anregungen zu bekommen. Inhaltlich haben sich besonders Leitsätze bewährt, die die Persönlichkeit stützen und Kraftquellen aktivieren.

● Welche Struktur soll mein Leitsatz haben? Ist er wirksamer, wenn ich mich als Person anspreche (Ich bin –, Ich fühle –)? Will ich die Entwicklung oder eher das Ziel ins Auge fassen? Will ich einen Satz oder nur einzelne Begriffe (wie die Kurzformel) formulieren?

● Gehen Sie dann von zwei Seiten vor: Streichen Sie die schlechtesten Begriffe weg und unterstreichen Sie die aussagekräftigsten. Legen Sie sich aber nicht gleich endgültig auf einen Satz fest, sondern halten Sie sich zwei oder drei verschiedene Möglichkeiten offen.

● Machen Sie zunächst eine »Trockenübung«, indem Sie den Leitsatz in eine Entspannungsübung einfließen lassen. Probieren Sie gegebenenfalls mehrere unterschiedliche Sätze aus. Wiederholen Sie den Ablauf mehrfach.

● Machen Sie eine Übung in der Praxis. Wenden Sie den Leitsatz an und achten Sie auf kleine Veränderungen. Es ist bei diesen Formeln unwahrscheinlich, daß sich sofort etwas ändert, gehen Sie daher den Weg der kleinen Schritte.

Einige Beispiele für Leitsätze
In diesem Buch finden Sie Leitsätze für unterschiedlichste Problemlagen. Hier einige Beispiele:

- Ich bin selbstkritisch und vertraue mir
- Ich zeige meine Fähigkeiten
- Ich handle sicher, klar und gelassen
- Innere Kraft und Selbstvertrauen
- Ich bleibe geduldig

Es bieten sich durchaus Sätze an, die schon anderswo formuliert wurden:

- In der Ruhe liegt die Kraft
- Der Weg ist das Ziel
- Ich bin okay
- Eins nach dem anderen

Kombination von Symptomformel und Leitsatz

Bei kurzzeitig auftretenden Symptomen wie z.b. bei einer Erkältung, kann man durchaus einfach ein wenig experimentieren, welche Worte oder Formeln symptomlindernd wirken. Wenn es sich um längerdauernde oder immer wiederkehrende Symptome handelt, sollte man sich Zeit nehmen, eine wirklich zuverlässig passende Symptomformel zu bilden. Hierbei empfiehlt sich oft die Kombination mit einem Leitsatz, der stabilisierend auf die Persönlichkeit insgesamt einwirkt.

Anwendungsbeispiel bei Heuschnupfen

Symptomformel:
- Nase angenehm warm durchströmt
  oder
- Nase angenehm kühl und frei

Persönlichkeitsformel:
- Meine innere Kraft gibt mir Ausgeglichenheit und Stabilität
  oder
- Mein Immunsystem reagiert locker und gelassen
  oder
- Ich achte auf meine Grenzen

Es handelt sich beim Heuschnupfen zwar um eine körperliche Immunreaktion. Das Forschungsgebiet der Psychoneuroimmunologie konnte aber komplexe körperlich-seelische Zusammenhänge feststellen. Daher ist es hilfreich, wenn durch die Persönlichkeitsformel vor allem auch psychologische Aspekte des Heuschnupfens einfließen.

Andere Anwendungsbeispiele

Ein Beispiel für eine unmittelbare Kombination mehrerer Symptomformeln mit einem Persönlichkeitsleitsatz: Jemand, der unter Redeangst leidet, entwickelt im Laufe der Zeit die Sätze

- Ich bleibe gelassen
- Meine Sprache ist ruhig
- Die Worte fließen locker
- Der Mund ist feucht und geschmeidig
- Das Gesicht ist entspannt
- Mit etwas Lampenfieber bin ich erfolgreicher

Bedenken Sie dabei aber, daß dies nur Vorschläge sind. Es ist oftmals sinnvoll, zunächst einen solchen schon vorformulierten Satz aufzugreifen. Aber bitte keine unbedachten Schnellschüsse. Was jemandem anderen gut hilft, muß nicht unbedingt auch für mich brauchbar sein. Überlegen Sie daher im Laufe der Zeit, ob Sie irgendwelche eigenen Veränderungen einführen wollen. Leitsätze brauchen Zeit und sollten ganz individuell nach dem genannten Vorgehen weiterentwickelt werden.

Kapitel 2

Die Anwendung des AT

Im folgenden Kapitel ist die Anwendung bei einer Reihe von speziellen Störungsbereichen dargestellt, bei denen AT, belegt durch wissenschaftliche Untersuchungen, bei sachgemäßer Durchführung erwiesenermaßen hilfreich ist.

Die Anwendung von Symptomformeln zur Linderung der Beschwerden und von Leitsätzen zur besseren Bewältigung der jeweiligen Störung wird mit Beispielen erläutert.

◄ Autogenes Training im Alltag – diese Übungshaltung (an eine Wand gelehnt) eignet sich besonders bei chronischen Rückenschmerzen.

Die Anwendung des AT bei ausgewählten Störungen

Grundsätzlich kann AT bei schwereren Störungen und Erkrankungen nur dann erfolgreich angewendet werden, wenn es gut gelernt wurde und der Übende einige Monate Erfahrung damit hat. Außerdem sollte das Krankheitsbild ärztlich untersucht worden sein und die Anwendung des AT im Einzelfall jeweils vom behandelnden Arzt als sinnvoll angesehen werden. Keinesfalls dürfen Krankheitssymptome auf die leichte Schulter genommen werden, neu aufgetretene Symptome bedürfen, auch wenn sie harmlos erscheinen, immer einer ärztlich-diagnostischen Abklärung.

Anwendungsbereiche des AT – eine Übersicht

Die Effekte des AT sind in zahllosen wissenschaftlichen Studien untersucht worden und inzwischen dadurch gut belegt. Mit AT kann nach J.H. Schultz grundsätzlich alles erreicht werden, »was Entspannung und Versenkung leisten können«. Aufgrund des breiten Anwendungsspektrums wird AT auch als ein »Basispsychotherapeutikum« bezeichnet. Das heißt jedoch nicht, daß man es unkritisch nach dem Schrotschußprinzip einsetzen kann, nach dem Motto »schaden kann es nicht, irgend etwas wird es schon bewirken«. Realistische Ziele und eine der jeweiligen Person angemessene Vorgehensweise sind Voraussetzungen für Wirksamkeit und Erfolg.

Bevor wir im Detail auf die Anwendung bei den verschiedenen Störungen eingehen, möchten wir eine allgemeine Übersicht zu den Einsatzmöglichkeiten des AT geben. Die Übungen des AT lassen sich allgemein für die nachfolgend genannten Bereiche nutzen.

1) Verbesserung der Schlaffähigkeit

Diese Veränderung erleben viele schon recht am Anfang. Wir lernen, besser abzuschalten, und nehmen die Probleme nicht mehr mit in den Schlaf. Sowohl das Einschlafen wie auch die Qualität des Nachtschlafes werden positiv beeinflußt. Viele berichten über eine Abnahme von Alpträumen.

2) Verbesserung der Erholungsfähigkeit

Entspannung ist ein Mittelzustand zwischen Wachsein und Schlaf. Es entsteht eine Aktivierung des parasympathischen Nervensystems, das für Erholung und Regeneration sorgt. Das regelmäßige Herbeiführen des Entspannungsreflexes führt zu häufigeren Erholungspausen im Alltag und damit wiederum zu erhöhter Leistungsbereitschaft. Die Erholungsfähigkeit hängt aber auch davon ab, wie schnell und zuverlässig der Entspannungsreflex herbeigeführt werden kann.

3) Abschirmen störender Gefühlsschwankungen

Dieser Effekt wird auch mit dem Begriff der »affektiven Resonanzdämpfung« beschrieben. Gemeint ist, daß wir generell ruhiger werden, uns besser abschirmen können und von störenden Gefühlen nicht mehr so leicht berührbar sind.

4) Verringerung der Schmerzwahrnehmung

Schmerz ist eine sehr subjektive Wahrnehmungsqualität. Psychische Faktoren wie Angst, Hilflosigkeit, ungünstige frühere Erfahrungen u.ä. spielen eine wichtige Rolle. Entspannung und Aufmerksamkeitslenkung lassen sich gut zur Schmerzbeeinflussung nutzen.

5) Verbesserung der Durchblutung

Hauttemperaturmessungen im Rahmen der Wärmeübung belegen die Veränderung der Durchblutung an der Körperoberfläche. Unsere inneren Organe können wir aber nicht im gleichen Ausmaß beeinflussen, unsere Gehirn- und Nierendurchblutung überhaupt nicht. Nur funktionelle, vegetativ bedingte Durchblutungsstörungen sind beeinflußbar, nicht geschädigte Blutgefäße.

6) Verbesserung der Muskelleistung

Bei vielen Sportarten kommt es nicht nur auf den bestmöglichen Einsatz der Muskulatur an. Verbesserung der Muskelleistung bedeutet beim Skispringen, Tennis, Reiten, bei der Leichtathletik oder beim Ballsport eine optimale Abstimmung des Krafteinsatzes zur richtigen Zeit. Im AT wird das Wechselspiel zwischen Anspannung und Entspannung geübt und ausdifferenziert. Sportarten wie das Biathlon (Skilanglauf und Schießen) sind ohne Entspannungstechniken wie das AT nicht denkbar.

7) Verbesserung der Lernfähigkeit

Durch Entspannung werden keine grundsätzlich neuen Fertigkeiten entwickelt, sondern insbesondere Lernblockaden gelöst. Unnötige Gedanken und Gefühle können besser abgeschirmt werden, die Konzentration auf den Lernstoff gelingt besser. Die Lernfähigkeit wird also über Aufmerksamkeitslenkung und Wahrnehmungsveränderung verbessert.

8) Verbesserung der Gedächtnisleistung

Auch hier wird nicht das Gedächtnis als solches verändert, sondern lediglich der Zugriff auf Gedächtnisinhalte erleichtert. Denkblockaden werden positiv beeinflußt, Prüfungssituationen dadurch souveräner gemeistert.

Körperliche Symptome (Beispiel Kopfschmerz)

Kopfschmerzen, die einige Tage andauern, können durchaus streßbedingt sein oder im Rahmen einer Erkältung eine harmlose Begleiterscheinung darstellen. Der durch die Schmerzen entstehende Leidensdruck kann dann mit AT gut gelindert werden. Kopfschmerzen können jedoch auch Hinweis auf ein ernsteres akutes Krankheitsgeschehen sein wie beispielsweise einen Krankheitsprozeß im Gehirn (Entzündung, Durchblutungsstörung, Blutung). Würde man hier das Symptom als Warnsignal ignorieren und in Form der Selbsthilfe erst einige Tage lang mit dem AT herumexperimentieren, so hätte man wertvolle Zeit für die notwendige medizinische Behandlung verloren. Aber auch bei chronischen Kopfschmerzen darf AT nicht unkritisch eingesetzt werden. Auch hier können in seltenen Fällen Gehirnerkrankungen zugrunde liegen; im Zweifelsfall sollte ein Neurologe zu Rate gezogen werden.

Psychische Störungen

Bei überwiegend psychischen Problemen (Ängste, Süchte, Depressionen, Persönlichkeitsstörungen, Zwänge) sollte ein Psychotherapeut oder ein Psychiater seine Zustimmung zum Einsatz des AT geben, da auch hier sonst möglicherweise andere Behandlungsmöglichkeiten verzögert werden. Dies könnte sich beispielsweise bei Depressionen wegen der nicht selten auftretenden Selbstmordgefährdung ganz fatal auswirken. Gerade bei psychischen Störungen sollte der Warnsignalcharakter eines Symptoms beachtet werden. Nicht selten hat das Auftreten von Angst, von verstärkten Zwängen, von vermehrtem Suchtdruck oder auch von psychisch bedingten körperlichen Störungen eine wichtige Bedeutung und steht »symptomatisch« für ein tieferliegendes Problem.

Zur Bedeutung von Symptomen

Wenn ein Symptom auftritt, für das wir keine körperliche Krankheitsursache finden, hat dieses Symptom, obwohl es möglicherweise sehr störend und quälend ist, zumeist auch einen tieferen Sinn. Wir Psychotherapeuten erleben oft, daß das sichtbare Krankheitszeichen Ausdruck eines Lösungsversuches ist. Körper und Seele reagieren ohne aktives Zutun des Betroffenen auf eine Belastung und versuchen, die Entlastung eines innerseelischen Konfliktes herbeizuführen. Würden wir dann einfach das Symptom unterdrücken oder »wegtherapieren«, würden wir das Grundproblem nur zudecken oder verschieben. So können Kopfschmerzen den Betroffenen auf eine anhaltende seelische Überforderung hinweisen. Die Unterdrückung des Symptoms, wenn sie tatsächlich gelänge, könnte dann in eine Erschöpfungsdepression einmünden.

AT und andere Behandlungsmöglichkeiten

Dies führt uns nun zu einer weiteren wichtigen Feststellung. Schwerere Störungen sind in der Regel sehr komplex. Nur wenige der im folgenden dargestellten Krankheitsbilder (z.B. Spannungskopfschmerzen oder nervöse Tics) wird man mit dem AT alleine behandeln können! Man wird ein Entspannungsverfahren ansonsten eher als Unterstützung zur Symptomlinderung und besserer Krankheitsbewältigung im Rahmen eines umfassenderen Gesamtbehandlungsplanes einsetzen. Aufgrund seiner Wirkmechanismen hat AT einen sehr breiten Anwendungsbereich. Es ist außer in ganz wenigen Ausnahmen (siehe Kapitel 1) völlig ungefährlich und hat lediglich harmlose Begleiterscheinungen und keine ernsthaften Nebenwirkungen. Es ist aber kein Allheilmittel und kann anderweitige wirksame Therapien nicht ersetzen.

AT und Medikamente (Beispiel Bluthochdruck)

Zum Beispiel hilft AT ausgezeichnet bei der Senkung des Bluthochdrucks. Dies ist an Tausenden von Personen untersucht und zählt zu den wissenschaftlich am besten erforschten und abgesicherten Einsatzbereichen. Es ist daher für die Behandlung unbedingt zu empfehlen. Niemand wird jedoch den Rat geben, daß man deswegen auf Hochdruckmedikamente, die Reduktion von Übergewicht, regelmäßiges sportliches Kreislauftraining oder Veränderung der Ernährung verzichten sollte. Der regelmäßige Einsatz von AT bei Hochdruckkranken führt oft zu einer deutlich besseren Blutdruckeinstellung. Ob man aber deswegen die bisher eingenommenen Medikamente verändern kann, muß unbedingt zusammen mit dem Arzt entschieden werden!

Worauf sollten Sie also grundsätzlich achten?

- Bei neu aufgetretenen, unerklärlichen Symptomen ist unbedingt ein Fachmann zu konsultieren (Prinzip: zuerst Diagnose, dann Behandlung).
- Bei körperlicher Symptomatik sollten Sie zunächst den Haus- oder Facharzt aufsuchen,
- bei psychischer Problematik einen Psychotherapeuten, Psychiater oder Nervenarzt.
- Warnsignale sind: keine Besserung der Symptome, Zunahme der Beschwerden, Auftreten weiterer anderer Symptome, allgemeines Krankheitsgefühl.

- Kombinationsmöglichkeiten mit anderen Behandlungselementen (Medikamente, Ernährung, Bewegung etc.) sollten im Einzelfall genau definiert sein, im Idealfall sollten sich die Wirkungen ergänzen.

> Keinesfalls dürfen durch den unkritischen Einsatz von Autogenem Training Diagnose und Behandlung einer Erkrankung verzögert werden!

Wie gehen Sie konkret vor?

Zunächst wird es darum gehen, sich das Störungsbild etwas genauer anzuschauen, um dann realistische Therapieziele überlegen zu können. Liegt ein körperliches oder ein psychisches Symptom vor? Oder beides? Wie lange besteht das Symptom schon? Wie schwer ist es? Wie sehr ist mein Alltag dadurch beeinträchtigt? Was bessert, was verschlimmert die Symptomatik? Wie gehe ich damit um? Oft ist es wichtiger, ein Symptom zunächst anzunehmen, als es mit aller Kraft wegzuschieben. Liegt eine dauerhafte körperliche Schädigung vor (z.B. bei Blasenschwäche, Sehstörungen) oder handelt es sich um ein Leiden, das möglicherweise weiter fortschreitet (z.B. Rheuma)? Was haben bisherige Behandlungen gebracht?

Ziele des AT

Je nach Bilanz dieser Fragen können die Ziele des AT bestehen in:

- Wesentliche Symptomlinderung schon allein durch AT (bei Funktionsstörungen),
- Linderung durch AT, Ergänzung durch weitere Therapiemaßnahmen aber unbedingt notwendig,
- Linderung durch AT nur teilweise möglich, gleichzeitig aber insgesamt bessere Krankheitsbewältigung, d.h. Abbau negativer Gedanken und Stimmungen, positive Auseinandersetzung mit der Erkrankung, besseres Durchhaltevermögen bei Thera-

piemaßnahmen, leichteres »Wegstecken« von Rückschlägen und vieles mehr.

Welche Effekte werden bei der Anwendung wirksam

Für die nachfolgend dargestellten Störungen kann das AT in vielfacher Hinsicht hilfreich sein: Zunächst erzielen Sie einen allgemeinen Entspannungseffekt, außerdem verhelfen Ihnen die Symptomformeln zur Linderung von Beschwerden und schließlich werden Sie durch persönliche Leitsätze dauerhaft gestärkt.

1) Der allgemeine Entspannungseffekt

Wozu Sie AT auch verwenden, immer wird die allgemeine Entspannungsreaktion einen Teil der positiven Wirkung ausmachen. Distanz von störenden Gefühlen, besserer Schlaf, schnellere Erholung, verringerte Schmerzwahrnehmung und bessere Konzentration sind bei allen Störungen eine wünschenswerte Unterstützung.

2) Die Symptomformeln

Darüber hinaus bietet sich bei speziellen Störungen vornehmlich die Anwendung von Symptomformeln an. Dabei haben wir grundsätzlich zwei Möglichkeiten:

● Wir können versuchen, das Problem, das Störfeld, den kranken Organ- oder Funktionsbereich unmittelbar zu beeinflussen (Beispiel Heuschnupfen: Nase angenehm warm durchströmt). Wir benutzen dabei symptomlindernde Vorstellungen wie Wärme, Kühle, Lösen, Lockern, Strömen, Fließen oder Vorstellungen von veränderter Wahrnehmung (schmerzhafte Stelle taub, unempfindlich). Wir verstärken die symptomlindernde Wirkung durch Eigenschaftswörter wie »angenehm«, »wohlig«, »ruhig«, »gelassen«, »locker« u.ä.

● Eine zweite Strategie ist die Ablenkung vom Störfeld und die Konzentration auf andere symptomfreie Körperbereiche, auf positive Gefühle und Gedanken, entspannende Bilder etc. Auch die Organübungen lassen sich ausgezeichnet zur Störfeldablenkung nutzen. Dieses zweite Vorgehen ist insbesondere auch bei sehr quälenden Symptomen wie Schmerz, Tinnitus, Juckreiz etc. sinnvoll. Denn es geschieht nicht selten, daß beispielsweise der Versuch, einen Schmerz unmittelbar zu verändern, zunächst genau das Gegenteil bewirkt: Durch die Lenkung der Aufmerksamkeit dorthin wird er intensiver wahrgenommen, so daß Entspannung unmöglich wird.

3) Die Leitsätze

Persönliche Leitsätze wirken eher indirekt. Sie dienen der Stärkung der Gesamtpersönlichkeit, beeinflussen Selbstwertgefühl und Fähigkeiten des Umgangs mit der Erkrankung und führen zu innerlicher Distanz und mehr Gleichgültigkeit. Dies entspricht einem zunehmenden Trend in der heutigen Medizin nicht nur Krankheit zu behandeln, sondern auch Gesundheitsfaktoren in der Persönlichkeit des einzelnen zu stärken.

Zur Auswahl der Störungen

Die folgenden Störungsbilder sind nicht nach einem medizinischen Lehrbuch, sondern nach der praktischen Bedeutung zusammengestellt. Wir haben die häufigsten Krankheitsprobleme, bei denen AT erfahrungsgemäß und auch durch wissenschaftliche Untersuchungen belegt hilfreich eingesetzt werden kann, alphabetisch aufgelistet. Daher stehen relativ umschriebene Symptome wie Blasenstörungen oder Tinnitus neben komplexen Bereichen wie Allergien oder Depressionen.

Noch eins vorab: Die verschiedenen Formelbeispiele sind Vorschläge und keine Patentrezepte. Sie sind aus der Arbeit mit Patienten entstanden und im Einzelfall jeweils sehr wirksam gewesen. Probieren Sie aus, ob sie passend für Sie sind. Ansonsten passen Sie die Worte nach den obengenannten Regeln aus Kapitel 1 Ihren persönlichen Bedürfnissen an.

● Allergien

Als Allergie bezeichnet man eine erworbene Überempfindlichkeit des Körpers gegenüber Stoffen des Lebensraumes. Es handelt sich um eine überzogene Abwehr und Fehlregulation des Immunsystems. Der positive Einfluß von AT wird deutlich, wenn man sich vor Augen hält, daß das Immunsystem in engem Zusammenhang mit dem vegetativen Nervensystem und dem Hormonsystem steht.

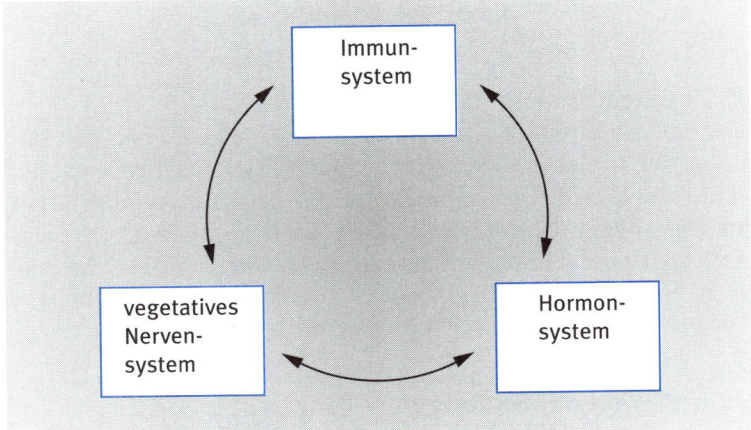

Abb. 20: Zusammenhang zwischen vegetativem Nervensystem, Hormon- und Immunsystem

Wirkung von AT

AT greift in die Zusammenarbeit zwischen vegetativem Nervensystem und Immunsystem ein. Es ist erwiesen, daß Entspannungsübungen Auswirkungen auf Schwankungen des Cortisonspiegels haben. Auf psychischer Ebene handelt es sich bei Allergien um ein Abgrenzungsproblem zur Umwelt. Verschiedene Symptome der Allergie können einen erheblichen Dauerstreß auslösen. Die Zielrichtung des AT ist daher grundsätzlich auf Linderung des Symptomstresses, Stabilisierung der Körpergrenzen (Haut, Schleimhäute) sowie Stärkung des Selbstwertgefühls gerichtet.

Symptomformeln

- Nase und Bronchien sind ruhig und frei
- Nase angenehm warm durchströmt
- Nase angenehm kühl und frei (bei Heuschnupfen)
- Haut kühl und unempfindlich (bei Juckreiz)

Bei sehr quälendem Juckreiz sollten Sie besser aufmerksamkeitsablenkende Symptomformeln nutzen und auf gesunde Körperbereiche lenken. Auch das Höhenruder kann zur Ablenkung eingesetzt werden.

Leitsätze sollten Abgrenzungsfähigkeit und Selbstbewußtsein stärken

- Mein Immunsystem reagiert locker und gelassen
- Ich achte auf meine Grenzen
- Von Tag zu Tag wird meine Haut etwas stärker
- Ich mag mich trotz Allergie (Hautjucken, Aufkratzen, Atemnot)
- Ich handle aus meiner Körpermitte heraus
- Natur und Luft tun mir gut (bei Pollenallergie)
- Geduld und Ausdauer stärken mich

Manchen hilft auch die bildhafte Vorstellung, den Kampf im Immunsystem in eine friedliche Koexistenz von Allergiereizen und Körperreaktionen überzuleiten.

● Angst und Unsicherheit

Angst und Unsicherheit sind Gefühle oder vielmehr komplexe Erlebniszustände, die alle Menschen in irgendeiner Form im Leben erfahren müssen. Das Erleben von Angst stellt grundsätzlich eine normale und biologisch sinnvolle Reaktion dar, da der Körper damit auf Gefahrensituationen reagiert. Häufig erleben wir solche körperlichen Reaktionen (Herzklopfen, Atembeklemmung, Kloß- und Engegefühl im Hals, Mundtrockenheit, Schwindelgefühl etc.) als unangenehm und bedrohlich. Auch wenn es zunächst nicht so scheint, die Angst- und Alarmreaktion ist notwendig, um uns angemessen körperlich auf reale Gefahrensituationen einzustellen.

Bei Menschen, die häufiger an Ängsten leiden, ist die ursprünglich sehr hilfreiche Verbindung zwischen dem Erkennen von gefährlichen Situationen und der Auslösung einer Alarmreaktion im Körper aus dem Gleichgewicht geraten. Die Angst tritt dann nicht nur in Anforderungssituationen, sondern auch plötzlich scheinbar grundlos auf. Sie kann in ihrer Intensität ein subjektiv bedrohliches Ausmaß annehmen (z.B. das Gefühl, gleich zu sterben) oder sich auf Situationen beziehen, von denen die Betroffenen wissen, daß sie an sich keine reale Gefahr darstellen (z.B. ein Kaufhaus, ein Aufzug, eine Treppe, ein Marktplatz). In der Folge entwickelt sich eine behandlungsbedürftige Angststörung, es kommt in der Regel zur »Angst vor der Angst«. Diese wird häufig als wesentlich schlimmer erlebt, als die ursprünglichen Angstgefühle, da sie zu gravierenden Einschränkungen des Lebensalltags führen kann. Angststörungen werden mit Verhaltenstherapie behandelt.

Wirkung des AT

Da mit der Angst eine Aktivierung des Sympathikus einhergeht, wird der gut eingeübte Entspannungsreflex im AT die Angst dämpfen. Der Einsatz von Organübungen zur Verstärkung der allgemeinen Entspannung ist in solchen Fällen sehr zu empfehlen. Insbesondere die beruhigende Wirkung des Atemrhythmus (»Atmung ruhig und gleichmäßig«) in Verbindung mit Vorstellungen von Fließen und Strömen im Körper (»Es atmet in mir«) läßt sich hierbei nutzen.

Treten während der AT-Übung unangenehme Gefühle auf, die uns beunruhigen, so können diese im Beginn bei noch geringer Stärke relativ leicht mit dem Höhenruder (siehe Kapitel 1) oder anderen leichten Körperbewegungen beeinflußt werden. Ist unsere Aufmerksamkeit auf die Bewegung gerichtet, sind wir von der Angst abgelenkt und sie wird dann automatisch geringer.

Bei Anwendung des AT bei schon bestehender, aber noch erträglicher Angst, empfiehlt es sich, die Übungen mit offenen Augen zu beginnen. Augenschluß bedeutet für viele ängstliche Menschen Kontrollverlust und kann dadurch erst richtiggehend angstauslösend wirken. Übungen im Stehen mit offenen Augen (siehe Seite 92) sind in vielen Alltagssituationen unauffällig hilfreich anwendbar. Die Kurzentspannung mit offenen Augen (siehe Kapitel 4) ist ausdrücklich als Übung zur verbesserten Selbstkontrolle konzipiert.

Symptomformeln
- Mund angenehm feucht
- Hände warm und trocken

- Bauch gelöst und entspannt
- Muskeln sind locker
- Ich bin ruhig und gelassen
- Was auch geschieht, ich bleibe gelassen
- Ich nehme meine Angst an
- Ich darf ängstlich sein

oder auch etwas humorvoll:

- Da bist du ja wieder, meine liebe Angst
- Entkommen aus der Angstsituation möglich
- Es gibt einen Ausweg
- Ich finde Hilfe

Persönlichkeitsstützende Leitsätze
- Ich denke und handle sicher und klar
- Ich schaff' das schon
- Ich stehe gelassen darüber
- Ich bin ausgeglichen und stabil
- Unsicherheit ist menschlich
- In meinem Inneren entwickelt sich Kraft und Zuversicht

oder im Reim:

- Ich fasse Mut, das Ende wird gut

● Atemwege

Die wichtigste und ausgeprägteste Atemstörung ist das Bronchialasthma. Es besteht bei diesem Krankheitsbild eine enge Verbindung zur Person des Schöpfers des AT. J.H. Schultz litt die ersten 30 Jahre seines Lebens unter schweren Asthmaanfällen. Die Bewältigung dieser Erkrankung durch die von ihm geschaffene Methode des AT brachte ihm die Lösung des eigenen Lebensproblems.

Wirkung von AT

Die Erfolge des AT bei Asthma und funktionellen Atemstörungen (z.B. Hyperventilationssyndrom, nervöse Atemtics) sind gut belegt. Es wirkt angstreduzierend, durchbricht damit den Angst-Teufelskreis beim Asthma und setzt den Atemwegswiderstand direkt herab. Durch die Parasympathikuswirkung wird der Bronchialschleim gelöst und die Durchblutung verstärkt. Aber Vorsicht: Teile des Bronchialsystems werden auch durch den Parasympathikus engergestellt, d.h. daß im akuten Asthmaanfall durch ein nicht differenziert genug eintrainiertes AT auch eine Verschlimmerung der Atemnot ausgelöst werden kann! Daher erst zuverlässig AT lernen und bei leichteren Asthmabeschwerden ausprobieren, bevor Sie es zur Beeinflussung des Anfalls einsetzen.

Sehr gut und zielgerichtet wirksam ist natürlich die bereits oben vorgestellte Atemübung.

Symptomformeln
- Stirn, Nase und Rachen angenehm kühl
- Nase angenehm feucht (bei trockener Nase)
- Nase strömend warm und frei (bei verstopfter Nase)
- Die Luft strömt kühl (kühlend) durch Nase und Rachen
- Die Luft strömt mühelos (ungehindert) durch Luftröhre und Bronchien
- Atem strömt von selbst
- Atmung leicht und frei
- Bronchien weit und frei
- Die Brust ist angenehm strömend warm

Zur Unterstützung der Atemgymnastik bei Asthma:

- Luft strömt mühelos ein und gegen leichten Widerstand aus

Leitsätze beziehen sich auf Angstverminderung, Stärkung von Vertrauen und Loslassen
- Brustraum weit und frei
- Mit jedem Atemzug bin ich gelöst und locker
- Ich atme Stärke und Selbstvertrauen
- Atmung gibt Lebenskraft
- Heute bleibe ich entspannt und ohne Atemnot

Durch die letzte Formel entsteht eine Art Langzeitwirkung für den ganzen Tag.

Da Asthmaanfälle oft in den frühen Morgenstunden auftreten, ist es sinnvoll, eine solche vorwegnehmende Formel in das Einschlafritual einzubauen:

- Die Atmung geht frei und ruhig die ganze Nacht
- Ich vertraue im Schlaf meiner Atmung.

● Blasenstörungen

Über Probleme mit unserer Blase sprechen wir ungern, viele Menschen versuchen verschämt, selbst irgendwie damit zurechtzukommen. Dabei sind Störungen wie Blasenschwäche oder Harnverhalt recht häufig, ein fachlicher Rat und auch die gezielte Beeinflussung durch AT wäre für viele Menschen sehr hilfreich.

Wirkung von AT

Der Sympathikus wirkt verstärkend auf den Blasenschließmuskel und entspannend auf den Blasenwandmuskel. Der Parasympathikus hat wie üblich den gegenteiligen Effekt: er löst den Blasenschließmuskel und erhöht die Spannung im Blasenwandmuskel. Das bedeutet, daß die Parasympathikusaktivierung im AT das Urinlassen erleichtert, und somit können Männer bei Schwierigkeiten (z.B. auf Gemeinschaftstoiletten) gut davon profitieren. Aber auch die Blasenschwäche bei Frauen kann durch das trainierte vegetative Wechselspiel bei häufiger AT-Anwendung gebessert werden, wobei immer eine Kombination mit einer Beckenbodengymnastik anzustreben ist. Bei Männern und Frauen werden darüber hinaus Angstspannung in sozialen Situationen und Schamgefühle abgebaut, die Blasenfunktion wird natürlicher und selbstverständlicher wahrgenommen. Besonders günstig wirken sich Vorstellungen von Wärme (bei Reizblase) und von Fließen (bei Harnverhalt) aus.

Symptomformeln und Leitsätze

- Blase angenehm warm
- Harndrang ist ganz gleichgültig
- Blase bleibt ruhig und frei
- Ich halte Urin ohne Druck

- Es läuft ganz von selbst
- Mein Strahl ist strömend stark
- Andere Menschen sind gleichgültig

Der Einsatz der Atemübung und bildhafte Vorstellungen (plät-schernder Bach, spritzender Gartenschlauch) können ebenfalls hilfreich sein.

● Bluthochdruck

Da die Blutdruckerhöhung meist ohne charakteristische Be-schwerden verläuft, wird sie häufig zufällig bei Routineuntersu-chungen festgestellt. Bei 90 % der Menschen mit hohem Blut-druck findet sich keine unmittelbare körperliche Ursache. Es gibt jedoch Risikofaktoren, die häufig gefunden werden (Chole-sterinerhöhung, Rauchen und Übergewicht). Erhöhter Blutdruck selbst ist wiederum ein Risikofaktor für Herz-Kreislauf-Erkran-kungen. Die Wirkung des AT bei Bluthochdruck gehört zu den am besten untersuchten und gesicherten Anwendungsberei-chen.

Wirkung des AT

Das AT ist neben Medikamenten und der Verminderung von Ri-sikofaktoren als ergänzende Behandlungsmethode deswegen be-sonders gut geeignet, weil es kaum negative Begleiterscheinun-gen hat und den Betroffenen zur einer eigenen Gesundheitsakti-vität auffordert. Es bewirkt über die Wärmeübung eine unmittel-bar blutdrucksenkende, gefäßentspannende Parasympathikus-aktivierung und über die Distanzierung zu störenden Gefühlen eine allgemeine emotionale Stabilisierung und bessere Streßto-leranz. Besonders gut wirkt es bei labilem Hochdruck und bei leichten bis mittleren dauerhaften Blutdruckerhöhungen. Wär-meübung, Atem- und Herzerlebnis sind besonders günstig.

Symptomformeln und streßreduzierende Leitsätze

- Kreislauf strömend warm
- Mein Blut strömt leicht und frei
- Atmung ruhig und fließend
- Pulsschlag ruhig und gleichmäßig

- Pulsschlag weich bei Tag und Nacht
- Bei Streß locker und gelassen
- Leistung bring' ich locker und ohne Druck

● Darm

Die Störungen im Bereich der Verdauung reichen von funktionellen Darmbeschwerden (Verstopfung, Durchfälle, Blähungen, Krämpfe, Reizdarm) bis hin zu den chronischen entzündlichen Darmerkrankungen (Colitis ulcerosa, Morbus Crohn).

Wirkung von AT

Verdauung bedeutet Parasympathikusaktivität, d.h. Entspannung und Regeneration. Insbesondere die Funktionsstörungen des Darms reagieren sehr gut auf AT. Es wird immer durch andere Maßnahmen (Ernährungsberatung, Bewegungstherapie) ergänzt. Neben der allgemeinen Entspannung wird insbesondere die Bauchübung eingesetzt. Die Wärme im Sonnengeflecht führt zu einer Verdauungsaktivierung und zur Harmonisierung der Darmbewegungen. Zu übertriebene Erwartungsspannung, frühere Darmoperationen und Verwachsungen, starke Krämpfe und auch Eßstörungen können die Darmfunktion zu einem Störfeld machen. Sollten daher während der eigentlich positiv gedachten Entspannung unangenehme Empfindungen (Krämpfe, Völlegefühl) auftreten, empfiehlt es sich, das Störfeld »Bauch« zunächst zu umgehen und beispielsweise die Atemübung in den Bauchraum »hineinwirken« zu lassen. Pulsieren im Bauchraum ist zumeist auf die Wahrnehmung der Bauchschlagader zurückzuführen.

Symptomformeln und Leitsätze

- Bauch locker und entspannt
- Bauchknoten lösen sich (bei Krämpfen und Blähungen)
- Darm arbeitet von selbst (bei Verstopfung)
- Nichts erzwingen wollen, es geschieht von selbst
- Stuhl ist warm und weich
- Die Arbeit im Darm ist kräftig und warm
- Stuhlgang stark und normal (bei Durchfall)
- Darm bleibt ruhig
- Täglich einmal ist genug

- Darm nimmt und läßt wieder los
- Der Darm ist mein zuverlässiger Partner

● Depressionen

Behandlungsbedürftige Depressionen zählen zu den häufigsten psychischen Krankheitsbildern in unserer Gesellschaft. Aber nicht jede Lustlosigkeit, nicht jedes Unbehagen und nicht jede traurige Verstimmung ist eine Depression. Der Begriff »Depression« wird heute oft verwendet, um alle möglichen Stimmungsschwankungen zu beschreiben. Bei einem depressiven Menschen ist das gesamte Denken und Fühlen negativ geprägt, er leidet oftmals unter Schlafstörungen und ist in seiner körperlichen Vitalität mehr oder weniger stark beeinträchtigt. Er erlebt sich oft leer und weitgehend hilflos, den eigenen Zustand zu verändern, er hat eine negative Zukunftssicht und trägt sich nicht selten mit Selbstmordgedanken.

Wirkung von AT

Die allgemeine Wirkung auf Stimmungsschwankungen wurde eingangs mit dem Begriff der affektiven Resonanzdämpfung benannt. Im Gegensatz zu den einfachen Stimmungsschwankungen sollten Depressionen nie mit AT alleine behandelt werden. Die Anwendung muß mit einem Psychiater abgesprochen sein. Das Erlernen des AT ist am ehesten möglich, wenn die depressiven Symptome nicht zu stark ausgeprägt sind. Die Möglichkeit, die Erscheinungen einer Depression mit dem AT zu mildern, hängt von der Form und vor allem von der Intensität der Symptome ab. Immer ist eine Kombination mit anderen Behandlungsmaßnahmen (Medikamente, Psychotherapie, aktivierende Bewegungstherapie etc.) notwendig. Der wichtigste Effekt ist das Gefühl von Eigenaktivität, das der depressiven Hilflosigkeit und negativen Einstellung entgegenwirkt. AT unterbricht das ständige Grübeln, verbessert die Schlaffähigkeit und die depressiven körperlichen Symptome.

Symptomformeln und stimmungsverbessernde Leitsätze

- Ich kann selbst etwas tun
- AT gibt mir Kraft

- Ich nehme den Tag (wieder) selbst in die Hand
- Ich überwinde mein Morgentief
- Ich empfinde Freude am Leben
- AT bringt Bewegung, Rhythmus und Wechsel
- Nur Mut, es wird gut
- Gefühle schwingen positiv
- Gefühle sind wichtig
- Es geht mir von Tag zu Tag ein wenig besser
- Die Stimmung bleibt gut

Eßstörungen

Unsere Ernährungsgewohnheiten entfernen sich immer mehr von einem natürlich gesteuerten lebensnotwendigen Vorgang. Unser Bezug zum Essen ist durch Nahrungsüberfluß, Diäten, unregelmäßige Mahlzeiten, Bewegungsmangel, Körperkult, Mode und Schlankheitsideale geprägt, die Eigensteuerung über innere Reize wie Hunger und Appetit tritt in den Hintergrund. Darüber hinaus entstehen mehr und mehr psychotherapeutisch behandlungsbedürftige Eßstörungen (Magersucht, Eßbrechsucht und Eßsucht). Wie der Name schon sagt, haben Eßstörungen enge Beziehung zum Suchtverhalten. Das Essen wird zur Ersatzbefriedigung oder zum Austragungsort innerseelischer Konflikte.

Wirkung von AT

Störungen des Eßverhaltens machen eine differenzierte Behandlung notwendig. AT spielt dabei eher eine Nebenrolle. Es verbessert allgemein den Bezug zum eigenen Körper und stärkt als aktives Verfahren die Selbststeuerung. Auch Genußfähigkeit und das Gefühl für Sättigung und Zufriedenheit können positiv beeinflußt werden. Menschen mit mangelndem Selbstbewußtsein, die sich schnell von Äußerlichkeiten und Modetrends abhängig machen, können ihre Einstellung verändern. Ängste vor Gewichtszunahme oder mangelnder Attraktivität können abgebaut werden. Bei Magersüchtigen ist das Schweregefühl sehr negativ besetzt, der Schwerpunkt liegt daher beim Lernen auf der Ruhe- und Wärmeübung.

Für den Einstieg hat sich die Bauchübung oft nicht als günstig erwiesen, sondern es ist besser, dieses Konfliktfeld zumindest anfangs zu umgehen. Die Atemübung, insbesondere aber auch die Schulter-Nacken-Übung haben sich bewährt.

Symptomformeln
- Ich esse bewußt
- Ich esse langsam mit Genuß
- Ich nehme Bezug zur Nahrung auf
- Ich achte auf meine Bedürfnisse
- Essen tut mir gut
- Ich erkenne, was mir gut tut

Leitsätze zur Stärkung von Selbstwertgefühl und innerem Sattsein
- Ich bin gestärkt
- In meinem Zentrum entwickelt sich Kraft und Selbstvertrauen
- Ich bin zufrieden und satt
- Ich nehme meinen Körper an

● Haut
Die Haut ist die Grenze des Organismus nach innen wie nach außen, sie ist ein »Spiegel der Seele« und gleichzeitig Kontaktorgan zur Umwelt. Auf ihr zeigen sich daher Gefühle (Blässe und Schwitzen bei Angst, Erröten bei Schamgefühl, Zornesröte, Schwitzen bei Verlegenheit) und Reaktionen auf Umgebungseinflüsse (Hitze, Kälte, UV-Licht, Ernährung, andere Menschen) ganz unmittelbar.

Wirkung von AT
Im AT lassen sich deutliche Funktionsänderungen an der Haut herbeiführen: ein Wärmeanstieg von bis zu 7,5 Grad, eine Herabsetzung der Schmerzempfindung, Veränderung der Durchblutung und Schweißsekretion. Juckreiz, Erröten und verstärkte Schweißneigung können beeinflußt werden. Sehr gut kann AT daher bei chronischen Hauterkrankungen (z.B. Neurodermitis, allergische Ekzeme, Warzen) eingesetzt werden, um die Symptome zu mildern.

Symptomformeln
- Haut kühl und unempfindlich
- Haut ist weich und geschmeidig

- Jucken gleichgültig
- Haut ist ledrig unempfindlich
- Hände und Füße sind ganz trocken
- Hände und Füße sind kühl (warm) und trocken
- Wärme fließt vom Kopf in Arme und Beine (bei Erröten)
- Gesicht angenehm kühl und glatt (bei Erröten)
- Warze wird alt, Warze ist kalt, Warze fällt ab
- Warze trocknet ein

(siehe auch Vorgehensweise bei Allergien)

Leitsätze zur besseren Abgrenzung
- Meine Grenze ist wichtig
- Ich stärke meine Haut von innen
- Mit dickerem Fell regt mich nichts mehr auf so schnell
- Ich bin geschützt und geborgen

● Herz-Kreislauf

Im Herz-Kreislauf-System können unterschiedliche Störungen auftreten. Am Herzen selbst sind es Rhythmus- und Durchblutungsstörungen. Im Kreislaufsystem kommen Störungen wie Bluthochdruck (siehe dort), niedriger Blutdruck, Durchblutungsstörungen, Krampfadern sowie funktionelle Störungen wie Hitzewallungen und chronisch kalte Hände und Füße vor. Der Einsatz des AT muß mit dem behandelnden Arzt abgesprochen werden, damit nicht andere notwendige Behandlungsmöglichkeiten (mit möglicherweise fatalen Folgen) vernachlässigt werden.

Wirkung von AT
Funktionelle Herzbeschwerden haben eine enge Beziehung zu Angst und Streß. Mit AT können gute Effekte am Herz, aber nicht nur über verbesserte innere Ausgeglichenheit und Streßimmunisierung erreicht werden. Auch über die unmittelbare Wirkung des Parasympathikus werden Symptome gebessert. Dabei sollte nicht die Herzübung primär eingesetzt werden, da sie die ängstliche Selbstbeobachtung des Herzens verstärken kann. Günstiger ist die Atemübung, die im Brustraum einen harmonischen Rhythmus und das Gefühl von Weite entstehen läßt. Niedriger

Blutdruck wird durch aktivierende Symptomformeln gebessert, auf eine kräftige Rücknahme ist zu achten. Empfehlenswert sind häufige kurze Übungen, damit der Blutdruck während der Entspannung nicht zu sehr absinkt und gleichzeitig der Wechsel im Vegetativen Nervensystem möglichst oft geübt wird.

Ähnliches gilt für Krampfadern: AT bewirkt hier lediglich eine Symptomverbesserung, wobei die Rücknahme auch mit Beinbewegungen erfolgen sollte, um den Venenabfluß zu verbessern. Neben den Entspannungsübungen müssen zur Symptomlinderung unbedingt regelmäßige Bewegungsübungen durchgeführt werden! Da Krampfadern sich oft auch als Schweregefühl in den Beinen äußern, wird die Schwereübung des AT hier nicht selten als unangenehm empfunden, die Beine sollten dann ausgelassen werden.

Kalte Hände und Füße werden durch gezielte Wärmeteilübungen (»Hände strömend warm«) gebessert. Bei Hitzewallungen hilft die Vorstellung, daß alle Wärme nach unten in den Körper fließt.

Symptomformeln und Leitsätze
- Mein Herz arbeitet gleichmäßig ruhig und sicher
- Brustraum weit und frei
- Pulsschlag ruhig und kräftig
- Der Puls ist kräftig und stabil
- Ich bin ruhig und frisch (zum Übungsende bei niedrigem Blutdruck)
- Meine Venen fließen immer leicht und frei
- Meine Beine sind leicht und frei
- Hitze strömt nach unten in die Beine
- Kopf kühl, Füße warm

● Kopfschmerzen
Kopfschmerz ist eine der häufigsten Befindlichkeitsstörungen des Menschen. Nur selten ist chronischer Kopfschmerz Ausdruck einer ernsthaften Erkrankung des Gehirns (Tumor, Entzündung), es handelt in mehr als 95 % der Fälle um eine funktionelle Störung im Bereich der Kopf-Nackenmuskulatur (bei Spannungs-

kopfschmerz), der Gehirngefäße (bei Migräne) oder der Hirnhäute. Das Gehirn selbst ist völlig schmerzunempfindlich. Kopfschmerzen stehen oft in Zusammenhang mit mangelnder Streßabwehr.

Wirkung von AT

Bei der Anwendung von AT muß zunächst die Diagnose geklärt werden, denn die Wirksamkeit ist unterschiedlich. Während der Spannungskopfschmerz recht gut mit AT zu beeinflussen ist (ein Teil der Betroffenen kann sogar völlig auf andere Behandlungen verzichten!), ist es bei anderen Formen nur wenig wirksam. Während eines Migräneanfalls darf AT überhaupt nicht durchgeführt werden, da es den Anfall verschlimmert! Lediglich gut Trainierte können ganz zu Beginn des Anfalls mit bestimmten Symptomformeln eine Symptombesserung erreichen. Zwischen den Anfällen als Prophylaxe ist das AT bei Migräne dagegen sehr zu empfehlen, da es den Alltagsstreß reduziert und die Erholungsfähigkeit verbessert.

Bei Kopfschmerzen ist auf die Kopfhaltung während der Übung besonders zu achten, da sonst eine Verschlimmerung eintreten kann, die den Betroffenen zu der Einstellung bringen kann: »Immer wenn ich AT übe, verschlimmern sich meine Kopfschmerzen«. Es empfiehlt sich, den Kopf während der Übung anzulehnen, um die Nackenmuskulatur zu entspannen (siehe Seite 134).

AT-Übungen sollten anfangs in kopfschmerzfreien Intervallen durchgeführt werden. Beim Auftreten von Kopfschmerzen während der Übung besser sofort zurücknehmen. Neben der Kopfübung (Stirn kühl) ist insbesondere die Schulter-Nacken-Übung zu empfehlen.

Symptomformeln
- Stirn kühl
  in Einzelfällen ist auch das Gegenteil wirksam:
- Stirn angenehm und leicht warm
- Gesicht glatt und gelöst
- Kopf klar und frei
- Schläfen bleiben leicht und frei
- Nacken strömend warm

- Spannung löst sich mehr und mehr
- Mein Kopf ist frisch und frei
- Mit jedem Atemzug fließt der Schmerz weg vom Kopf

● Magen

Da der Magen die quasi erste Station der Nahrungsaufnahme ist, kommt ihm im Kontakt mit der Umwelt eine wichtige Rolle zu. Unter anderem ist er Austragungsort von Eßstörungen. Funktionelle Störungen können jedoch schon im Bereich des Halses in Form des meist psychisch bedingten Kloßgefühles und der Speiseröhre durch Sodbrennen auftreten. Funktionelle Oberbauchbeschwerden mit Völlegefühl, Übelkeit, Appetitlosigkeit und Krämpfen bis hin zu organischen Erkrankungen (Magenschleimhautentzündung, Magengeschwür) können ebenso vorkommen.

Wirkung des AT

Bei Magenbeschwerden sollte eine gezielte Symptombeeinflussung durch das AT, auch wenn eindeutig keine körperliche Ursache vorliegt, mit Vorsicht erfolgen. Ein Versuch mit der Bauchübung ist zumeist sicherlich sinnvoll. Es hat sich aber ähnlich wie bei Herzbeschwerden oft als günstig erwiesen, das Störfeld zunächst zu umgehen. Beim Magengeschwür sollte die Bauchübung überhaupt nicht angewendet, sondern zunächst lediglich die allgemeine Grundentspannung herbeigeführt werden. Eine Reihe von Patienten mit funktionellen Oberbauchbeschwerden profitiert gut von der Schulter-Nacken-Übung.

Symptomformeln

- Mein Hals ist locker und frei
- Mit jedem Atemzug löst sich der Kloß
- Wärme läßt das Sodbrennen in den Magen fließen
- Mein Magen kann was vertragen
- Übelkeit ausatmen, Kraft und Frische einatmen
- Atmung lockert Brustraum und entspannt den Magen
- Magen ist ruhig, warm und schmerzfrei

Gegebenenfalls können ähnliche Leitsätze wie bei den Eßstörungen ergänzt werden.

● Nervöse Tics

Es handelt sich dabei um mehr oder weniger auffällige, unbewußte Bewegungen, die immer wieder in gleicher Form ablaufen. Am häufigsten sind Gesicht (Augenzwinkern, Nasentics bei Brillenträgern, Mundwinkelzucken, schmatzende Mundbewegungen bei Gebißträgern) und Hände (Reiben, Schnipsen, Nägelkauen, Haare drehen, Bart streichen) betroffen. Auch das nächtliche Zähneknirschen (Bruxismus) wäre hier zu nennen. Tics sind mit dem Willen nur kurzzeitig unterdrückbar und laufen mehr oder weniger unbewußt neben dem anderen Ausdrucksverhalten her.

Wirkung von AT

Bei nervösen Tics handelt es sich nicht um eine dumme Angewohnheit, sie sind (wie der Name schon sagt) Ausdruck von Nervosität und innerer Spannung, ein typisches Beispiel für ein vegetatives Ungleichgewicht. Damit stellt das AT in diesem Fall eine wichtige Behandlungsmethode dar. Erreicht werden soll eine Verbesserung des körperlich seelischen Gleichgewichts und gezielte Symptombeeinflussung.

Symptomformeln

- Mundwinkel (Nase, Augenbrauen, Hände etc.) ruhig und gelöst
- Gesicht glatt und entspannt
- Brille sitzt ruhig und störungsfrei
- Brille (Gebiß) gleichgültig
- Unterkiefer locker
- Mundhöhle angenehm warm
- Lippenbeißen gleichgültig
- Kiefer und Zunge bleiben locker die ganze Nacht
- Mein ganzer Körper ist eine ruhige Einheit

● Rauchen

Daß Rauchen äußerst gesundheitsschädlich ist, muß hier nicht weiter ausgeführt werden, es ist ein Risikofaktor für verschiedene chronische Krankheiten. »Aufhören zu rauchen ist kinderleicht, das habe ich schon mindestens zwanzigmal gemacht« lautet die witzige Bemerkung eines Rauchers zu einem erneuten

Versuch. Rauchen ist eine Ersatzbefriedigung, es ist mit Pause-machen verbunden, die Zigarette dient der Spannungslösung. Rauchverhalten ist typisches Suchtverhalten. Raucherentwöh-nung und damit auch das AT ist nur bei entsprechend motivier-ten Menschen wirksam und sinnvoll.

Wirkung des AT

AT hilft bei der Entwöhnung und der längerfristigen Abstinenz. Die einzelnen AT-Übungen können anfangs als unmittelbarer »Ersatz« für die Zigarette eingesetzt werden, sehr günstig sind dabei auch Kurzübungen (siehe Kapitel 4). Diese aktive Variante der Entwöhnung kommt vielen Rauchern entgegen, da der je-weils momentane Suchtdruck beeinflußbar wird. Wichtig ist darüber hinaus die allgemeine Spannungs- und Streßreduktion sowie eine Vorsorge für Versuchungssituationen (Konfrontation mit anderen Rauchern). Ein sehr entspannender Ersatz für die nikotingewöhnten Lungenzüge ist naheliegenderweise der regel-mäßige Einsatz der Atemübung, wobei dabei natürlich nicht an das frühere Rauchen gedacht werden darf.

Symptomformeln und persönlichkeitsstärkende Leitsätze

- Ich entspanne statt zu rauchen
- Entspannung kommt ohne Rauchen
- Nicht rauchen macht mich frei und selbstbewußt
- Andere dürfen rauchen, es stört mich nicht, mir sind Zigaret-ten gleichgültig
- Ich bin stärker als das Rauchen
- Ich genieße die frische Luft mit jedem Atemzug

● Rheuma

Bei dieser chronischen Erkrankung müssen wir zwischen dem entzündlichen Gelenkrheuma und dem Weichteilrheumatismus der Muskulatur unterscheiden. Mit AT können wir an der Grund-erkrankung nichts ändern, wir können jedoch Schmerzen lin-dern und die Beweglichkeit der Gelenke verbessern.

Wirkung des AT

Die Entspannung bietet, in Ergänzung zu dem bei diesen Er-krankungen unbedingt erforderlichen regelmäßigen Bewegungsübungsprogramm, ein sanftes Wechselspiel zwischen Spannung und Loslassen. Dies betrifft sowohl den Körper als – auch insgesamt die Einstellung zur chronischen Erkrankung. Viele Patienten zeigen mehr Mut, sich mit ihren Beschwerden auseinanderzusetzen. Ängste können abgebaut werden, und es kommt zu einer besseren Krankheitsbewältigung. Insbesondere die Grundübungen Schwere und Wärme werden eingesetzt. Die Wärmeübung sollte jedoch nicht beim akuten Schub des Gelenkrheumas angewendet werden, da hierbei die Gelenke ohnehin überwärmt sind.

Symptomformeln und Leitsätze
- Gelenke locker und leicht
- Gelenke entspannt und beweglich
- Gelenke und Muskeln warm und schmerzfrei
- Gelenkschmerz kommt zur Ruhe
- Bewegung bringt Veränderung
- In mir ruhend und gelassen gehe ich meinen Weg

● Rückenschmerzen
75 % aller Erwachsenen leiden mindestens einmal pro Jahr an Rückenschmerzen. In der überwiegenden Zahl (90 % der Fälle) handelt es sich dabei um Schmerzen mit unkompliziertem Verlauf, die sich spätestens nach sechs Wochen auch ohne gezielte Behandlung wieder bessern. Häufig treten jedoch im Abstand von Monaten bis Jahren erneut akute Schmerzphasen auf. Wer zu Rückenschmerzen neigt, sollte täglich Bewegungs- *und* Entspannungsübungen durchführen, um schmerzverstärkende Muskelverspannungen frühzeitig zu lösen. Dabei haben sich drei oder vier einfache und kurze Bewegungsübungen des Rumpfes, die auch im Alltag tatsächlich durchgeführt werden, besser bewährt als ein umfangreiches Übungsprogramm.

Wirkung des AT
Vor der AT-Übung sollten routinemäßig einige kurze Lockerungsübungen (z.B. Drehschwingen des Rumpfes, Strecken zum »Kirschenpflücken«, »Windmühlenkreisen« der Arme) durchgeführt werden. Bei Rückenschmerzen ist die Sitzhaltung oft ungeeignet und schmerzverstärkend. Auch das Liegen ist in vielen

Fällen keine günstige Lösung und auch nicht alltagsgerecht. Es empfiehlt sich daher, die Übung im Zweifelsfall im Stehen an die Wand gelehnt durchzuführen (siehe Seite 92).

Die Schwere- und Wärmeübung des AT kann gezielt auf die Rückenmuskulatur ausgedehnt werden. Schulter-Nacken-Übung und auch Atemübung sind in dieser Position besonders günstig.

Symptomformeln und Leitsätze (zur Stabilisierung des Rückens)
- Rücken angenehm warm und schmerzfrei
- Locker gelöst
- Mein Rücken (Rückgrat) ist stabil
- Ich stehe aufrecht und selbstbewußt

● Schlafstörungen
Funktionelle Schlafstörungen aufgrund von Hektik und Streß, unbewältigten Konflikten, wichtigen bevorstehenden Terminen u.ä. lassen sich unterschiedlich gut mit AT beeinflussen. Ungünstige Faktoren sind eine schon jahrzehntelange Dauer und ein Schlafmittelmißbrauch. Wenn die Schlafstörung zur festen Gewohnheit geworden ist, wird man nicht zu hohe Erwartungen in das AT setzen. Häufig liegt das eigentliche Problem im Schläfer selbst, die unbefangene Einstellung zum Schlaf ist verlorengegangen. Der schlafgestörte Mensch liefert sich nicht mehr passiv dem Schlaf aus, sondern fängt an zu registrieren und zu kontrollieren: Wie lange brauche ich zum Einschlafen? Wie häufig wache ich nachts wie lange auf? Die Schlafdauer wird immer wieder berechnet. Je bewußter wir einschlafen wollen, je mehr wir den Schlaf anstreben und herbeiführen wollen, desto schlechter schlafen wir ein.

Wirkung des AT
Das wichtigste ist die Einstellungsänderung. Man könnte dies mit der Formel

- Schlaf gleichgültig, Ruhe wichtig

überschreiben. Der Schlaf darf bei der einzelnen Übung nicht angestrebt werden. Man darf nicht üben, um zu schlafen, denn das führt uns zielgerichtet in den Teufelskreislauf der Aktivierung. Je intensiver man den Schlaf erreichen will, desto weniger wird er eintreten. Besser ist die Einstellung: Wenn ich schon wachliege, kann ich auch eine AT-Übung machen, um die Zeit zu nutzen. Trainieren ist besser als Grübeln. Bleiben Sie trotz Schlafstörung gelassen und setzen sie sich nicht unter Zeit- oder Erfolgsdruck!

Verbesserung des Einschlafens

AT bewirkt Beruhigung und Bewußtseinseinengung, es lenkt die Aufmerksamkeit weg vom Grübeln und der Schlaferwartung. Nicht selten werden wir beim abendlichen Üben, wenn wir aufhören über unsere Schlafstörung nachzudenken, vom Schlaf »überrascht«.

Formeln zur Entspannung während der Einschlafzeit wären:

- Gedanken sind gleichgültig
- Der Schlaf kommt früher oder später
- Gedanken kommen und gehen wie die Wolken am Himmel
- Die Ruhe schirmt mich ab wie ein weiter Mantel

Verbesserung der Durchschlaffähigkeit

Das Durchschlafen wird zumeist schon durch das entspanntere Einschlafen verbessert. Wer seine Probleme mit in den Schlaf nimmt, muß sie dort auch verarbeiten. Immer wenn Sie nachts erwachen, sollten Sie, noch bevor Sie sich über das Aufwachen richtig ärgern können, direkt eine AT-Übung machen. Dies ist eine wichtige Gewohnheit, die Sie sich aneignen müssen, denn die Durchschlafstörung entsteht nicht durch häufiges Erwachen. Es ist vielmehr das zu lange Wachsein in der zweiten Nachthälfte, das uns quält. Denken Sie auch daran, daß das nächtliche Erwachen zwischen zwei und vier Uhr aufgrund vegetativer Umschaltprozesse völlig normal ist.

Unterstützende Formeln:

- Ich schlafe ruhig und erholsam
- Der Schlaf ist ruhig, tief und fest
- Ich überlasse mich dem Schlaf und erwache morgens frisch und erholt
- Kummer und Sorgen verschiebe ich auf morgen
- Der Körper holt sich die Ruhe, die er braucht

Neben dem AT sind ansonsten natürlich auch andere Schlafhilfen (tägliche körperliche Aktivität, kein Alkohol, ein gutes Buch, eine schöne Musik, ein beruhigendes Bad u.ä.) zu berücksichtigen. Auch die Gestaltung der Schlafumgebung ist für Schlafstörungen besonders von Bedeutung.

● Schmerz (akut/chronisch)

Schmerz wird von Mensch zu Mensch unterschiedlich verspürt. Neben dem körperlichen Zustand sind es insbesondere auch psychische Abläufe, die unsere Schmerzwahrnehmung beeinflussen. Jeder Mensch ist unterschiedlich schmerzempfindlich.

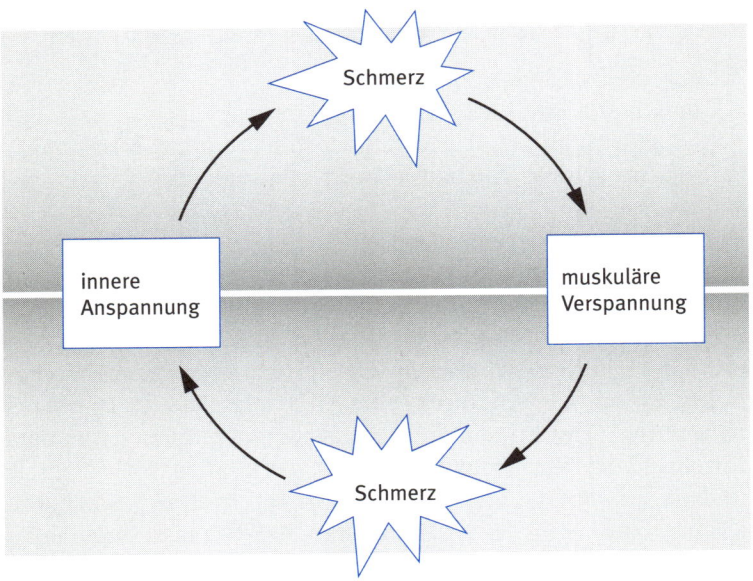

Abb. 21: Schmerz-Verspannungs-Kreislauf

Akuter Schmerz Trotz der Beeinträchtigung unseres Wohlbefindens ist Schmerz zunächst einmal keine Störung, die um jeden Preis beseitigt werden muß. Akuter Schmerz ist ein biologisches Warnsignal des Körpers und wird z.B. durch Verletzungen oder Entzündungen ausgelöst. Wie der Angst kommt somit auch dem Schmerz eine Schutzfunktion zu. Er gibt uns schnelle Hinweise über schädigende äußere Einflüsse (Hitze, Kälte, Hautverletzungen etc.) und schützt uns vor Schlimmerem. Akute Schmerzen sind zwar oft heftig, klingen jedoch auch meist rasch wieder ab, denken Sie z.B. an eine Zahnbehandlung oder eine Spritze.

Wenn Sie AT zur Beeinflussung akuter Schmerzen einsetzen wollen, sollten Sie gut trainiert sein, denn je nach Schmerzintensität ist das eine wirkliche Herausforderung. Während Sie vielleicht die leichten Gliederschmerzen bei einer Grippe oder einen Verspannungsschmerz im Nacken am Ende eines Arbeitstages noch relativ gut beeinflussen können, ist das beispielsweise bei einer Zahnbehandlung oder einem akuten Rheumaschub spontan und ohne längere gezielte Vorbereitung kaum denkbar.

Chronischer Schmerz Im Gegensatz zum akuten Schmerz spielt beim chronischen Schmerz die biologische Schutzfunktion in der Regel keine Rolle mehr. Der Schmerz tritt oftmals ohne äußere Ursachen auf, er ist nicht mehr Warnsignal, sondern eher ein lästiges Anzeichen für uns, daß irgend etwas nicht stimmt. Chronische Schmerzen können in allen Körperregionen vorkommen, oftmals findet man aber keine entsprechende körperliche Ursache, die man behandeln könnte.

Wirkung von AT

Völlige Schmerzfreiheit ist unrealistisch. Das wichtigste Ziel der Schmerzbeeinflussung durch AT ist, Bewegung in das Schmerzgeschehen zu bringen. Führen Sie die ersten AT-Übungen aber nicht gerade dann durch, wenn Ihr Schmerz am stärksten ist, sondern warten Sie geringere Schmerzintensität ab. Erhoffen Sie sich auch für den Anfang nicht zuviel! Achten Sie während der Übung auf eine bequeme Körperhaltung, benutzen Sie gegebenenfalls Kissen als Polster, suchen Sie sich einen bequemen Lehnstuhl etc. Als zusätzliche Hilfe empfiehlt es sich, insbesondere bei muskulären Verspannungen, regelmäßig sanfte Bewegungsübungen durchzuführen. Unmittelbar vor der AT-Übung bewirken sie eine zusätzliche Lockerung und sie mindern das Schmerzempfinden, so daß die Entspannung dann besser gelingen kann.

Symptomformeln
- Muskel angenehm locker und entspannt
- Mit jedem Atemzug löst sich die Spannung mehr und mehr

Vorstellungen von Wärme oder Kühle haben sich sehr bewährt:

- Rücken strömend warm
- Stirn angenehm kühl
- Oberkiefer kühl und frei (bei Gesichtsschmerz)
- Strömende Wärme verteilt den Schmerz
- Eishauch macht Handrücken kalt und schmerzfrei
- Schmerz kommt und geht
- Der nächste Schmerzanfall findet mich gelassen
- Der Schmerz ist da, aber ich spüre ihn nicht mehr
- Ich lenke mich vom Schmerz ab
- Schmerz braucht frische Luft
- Bewegung nimmt den Schmerz

Persönlichkeitsstärkende Leitsätze
- Mein Schmerz regiert nicht mich, sondern ich regiere den Schmerz
- Ich bleibe aktiv, trotz Schmerz
- Kein Schmerz bringt mich aus der Ruhe
- Ich bleibe auch mit Schmerz gelassen
- Ich kann selbst etwas gegen meinen Schmerz tun
- Ich arbeite trotz Schmerz

● Schwindel

Wenn wir ein Schwindelgefühl haben, erleben wir dies als Schwanken, Drehen wie im Karussell oder auch als diffuses Unsicherheitsgefühl. Schwindel kann bei Herz-Kreislaufstörungen, Störungen des Gleichgewichtsorgans und Gehörs, im Zusammenhang mit Alkohol- und Drogenkonsum, als Nebenwirkung von Medikamenten, aber auch im Rahmen einer Angststörung vorkommen. Dauerschwindel ist selten, zumeist tritt er eher anfallsweise auf. Schwindelgefühle bei den ersten AT-Übungen sind in der Regel harmlos. Sie entstehen entweder durch eine Erwartungsangst nach dem Schließen der Augen mit der Befürchtung, die Kontrolle zu verlieren, oder durch die parasympathischen

Entspannungseffekte im Herz-Kreislaufsystem (niedriger Blut-druck).

Wirkung des AT

Schwindelgefühle während der Übung können durch Üben mit offenen Augen und eine gesicherte Körperhaltung (beide Füße fest am Boden, Rückenlehne, Kopfstütze, Armlehnen) sowie möglichst kurze Übungszeiten (1–2 Minuten) beeinflußt werden. Während der Übung immer wieder das »Höhenruder« (siehe Seite 52) einsetzen. Ansonsten sollte die innere Einstellung positiv gelockert werden. Es können ähnliche Vorgehensweisen wie bei »Angst und Unsicherheit« oder »Tinnitus« gewählt werden. Bei kreislaufbedingtem Schwindel nicht zu tief entspannen, kurze Übungen bevorzugt im Sitzen und dabei gut auf eine aktivieren-de Rücknahme achten. Gegebenenfalls die Beine bei der Rück-nahme ebenfalls kräftig mitbewegen. Die Bauchübung ist wegen der möglicherweise verstärkten Kreislaufwirkung ungünstig. Die Kopfübung (Stirn kühl, Kopf klar und frei) ist erfahrungs-gemäß besser geeignet, zumal die Formel unmittelbar dem zu-meist im Kopf erlebten Schwindel entgegenwirken kann. Neben der Entspannung ist bei Schwindel insbesondere auf ein regel-mäßiges Bewegungsprogramm zu achten.

Symptomformeln und persönlichkeitsstabilisierende Leitsätze

- Ich liege, sitze, stehe, gehe ganz ruhig, sicher und frei
- Schwindel fließt über die Füße in den Boden
- Ich bin stabil
- Ich ruhe in meinem Zentrum
- Mein Körper bildet eine sichere Einheit
- Ruhe schützt vor erneutem Schwindel

● Sehstörungen

Von den verschiedenen Sehstörungen ist die Wirkung des AT le-diglich beim erhöhten Augeninnendruck (Glaukom) wissen-schaftlich gut belegt. Da Glaukomanfälle oft nach Emotionen, insbesondere Angst, auftreten, wirkt sich die emotionale Dämp-fung durch das AT günstig aus. Über die Beeinflussung von Kurz- und Weitsichtigkeit sowie des Schielens wurde lediglich in einzelnen Fällen berichtet. Zumindest symptomlindernd sind die Effekte bei chronischer Bindehautentzündung.

Wirkung des AT

Neben der Senkung des Augeninnendrucks kommt es zu einer Entspannung der Augenmuskulatur und des gesamten Augenbereiches. Es entsteht ein Gefühl, als würde man mit geschlossenen Augen weit in die Ferne schauen. Günstig wirkt sich auch die Kombination mit der Schulter-Nacken-Übung aus. Da die Kopfbewegung beim Sehen eine wichtige Rolle spielt, werden die Nackenmuskeln auch »hintere Augenmuskeln« genannt.

Symptomformeln

- Augäpfel sind weich
- Sie ruhen locker in den Augenhöhlen
- Sie befinden sich in Ruhestellung
- Augäpfel liegen sicher und warm wie zwei Babys
- Augenbewegung leicht und locker
- Ich schaue entspannt in die Ferne
- Der Blick ist frei
- Augen angenehm feucht und kühl
- Augenlider entspannt und kühl
- Augenjucken gleichgültig, Gesicht glatt und frei

● Suchtverhalten

Süchtiges Verhalten ist eine grundlegende Möglichkeit menschlicher Reaktionen auf innere Spannung und Unlust. Es ist ein Verhalten, daß sich mehr oder weniger der Vernunft entzieht und sich immer wieder nach dem gleichen Muster abspielt. Es entfernt sich dadurch mehr und mehr vom Genuß und wird zur Abhängigkeit. Es gibt beispielsweise Menschen, die können eine Tafel Schokolade öffnen, zwei Stücke genußvoll essen und dann zufrieden sein. Andere ruhen nicht eher, bis sie wider alle Vernunft die ganze Tafel verspeist haben. Sie genießen nicht die einzelnen Stücke, sondern sind beim Verschlingen des einen schon gierig auf das nächste.

Sucht als Krankheit ist eine körperliche und psychische Abhängigkeit von einer Substanz mit dämpfender oder euphorisieren-

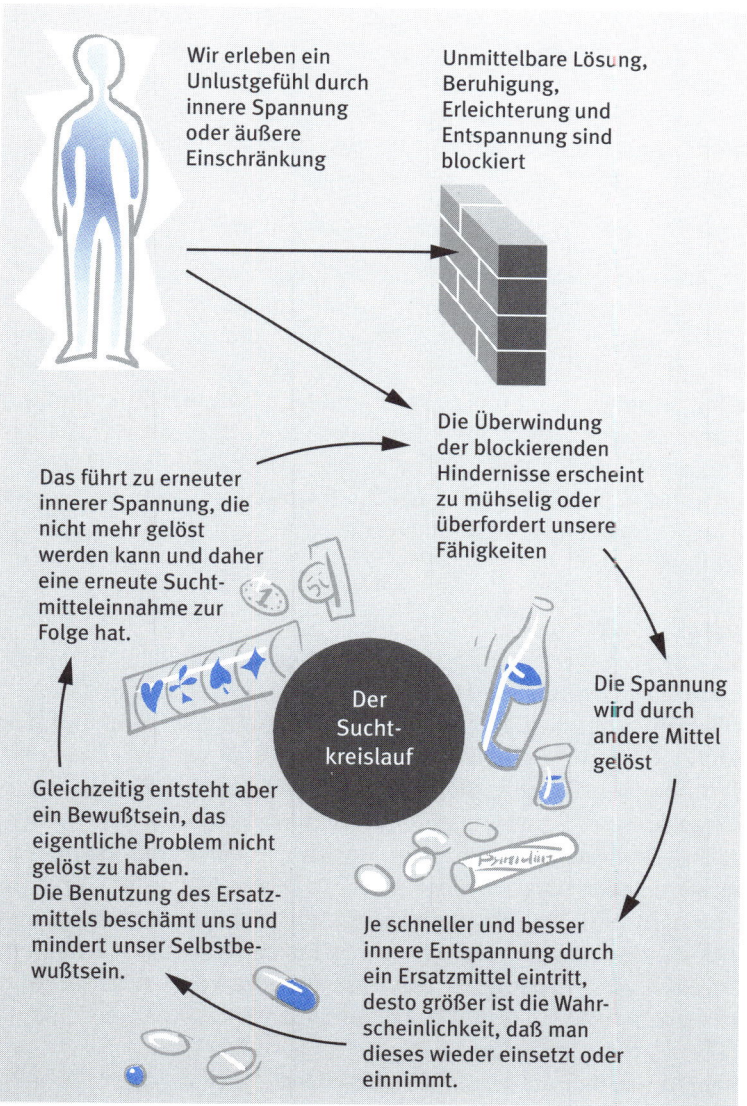

Wir erleben ein Unlustgefühl durch innere Spannung oder äußere Einschränkung

Unmittelbare Lösung, Beruhigung, Erleichterung und Entspannung sind blockiert

Die Überwindung der blockierenden Hindernisse erscheint zu mühselig oder überfordert unsere Fähigkeiten

Das führt zu erneuter innerer Spannung, die nicht mehr gelöst werden kann und daher eine erneute Suchtmitteleinnahme zur Folge hat.

Der Suchtkreislauf

Die Spannung wird durch andere Mittel gelöst

Gleichzeitig entsteht aber ein Bewußtsein, das eigentliche Problem nicht gelöst zu haben. Die Benutzung des Ersatzmittels beschämt uns und mindert unser Selbstbewußtsein.

Je schneller und besser innere Entspannung durch ein Ersatzmittel eintritt, desto größer ist die Wahrscheinlichkeit, daß man dieses wieder einsetzt oder einnimmt.

Abb. 22: Der Suchtkreislauf

der Wirkung (Alkohol, Nikotin, Medikamente, Drogen) oder von alltäglichen äußeren Tätigkeiten (z.B. Einkaufen, Essen, Spielen, Fernsehen, Computer, Arbeit, Sexualität, Autofahren). Im Grunde kann jedes Verhalten, das irgendwie zur Lösung von inneren Spannungen führt, zur Sucht werden. Praktisch immer läßt sich folgende Entwicklungsreihe feststellen:

Gebrauch (Genuß) > Mißbrauch > Gewöhnung > Abhängigkeit

Anfänge und leichte Formen von Suchtverhalten kennt jeder von uns. Wir erleben innere Spannungen, äußere Einschränkungen, Konflikte, und jeder hat seine persönlichen Strategien entwickelt, Unlust zu beseitigen, Spannungen zu lösen und Lustgewinn zu erzielen. Ist uns der unmittelbare Weg zur Entspannung blockiert, suchen wir nach Ersatzlösungen. Das Suchtverhalten ist eine solche Form der Ersatzlösung, der Ersatzbefriedigung. Es verstärkt sich in Form eines Suchtkreislaufes immer wieder selbst, wobei auch Schuldgefühle eine wichtige Rolle spielen (siehe Abb. 22).

Wirkung von AT

Bei der Veränderung von Suchtverhalten ist die allgemeine Entspannungswirkung der wichtigste Faktor für den Erfolg. Der entscheidende Punkt dabei ist lediglich, ob Sie bereit sind, auf den Suchtweg zu verzichten. Die allgemeine Entspannung kann mit den üblichen Formeln herbeigeführt werden. Bei einer Verstärkung durch Organübungen hat sich insbesondere die Bauchübung bewährt. Dabei wird nicht nur die Wärme konzentriert, sondern auch das Gefühl eines positiven Angefülltseins im Bauch, in der Körpermitte, erzeugt. Für sich immer wieder aufdrängende Suchtimpulse sind auch Kurzübungen zur schnellen und kurzen Entspannung sehr sinnvoll. Sie können dadurch in erheblichem Maße Ihre Alltagskontrolle verbessern.

Symptomformeln und persönlichkeitsstabilisierende Leitsätze

- Kaufen, Spielen, Süßigkeiten – gleichgültig
- Der Suchtweg ist und bleibt verschlossen
- Bauch strömend warm und zufrieden
- Ich spüre Kraft und Energie in meiner Körpermitte

- Ich genieße das Nachlassen der inneren Spannung
- Ich ruhe in meinem Zentrum

oder im Reim:

- Keine andere Idee als Entspannung mit AT
- Kopf klar und frei
- Selbstkontrolle statt Abhängigkeit
- Ich bin aktiv und gestalte meinen Alltag
- Kontakt mit Menschen statt mit Suchtmitteln
- Ich genieße statt zu süchteln
- Ich bleibe abstinent
- Ich finde neue Wege
- Mein Erfolg stärkt mich
- An jedem Ort, zu jeder Zeit, kommt Ruhe und Gelassenheit

● Tinnitus (Ohrgeräusche)

Ohr- oder Kopfgeräusche (Summen, Piepen, Brummen, Rauschen etc.) sind relativ häufig, 50 % aller Erwachsenen erleben solche Phänomene vorübergehend. Probleme bereiten die chronischen Ohrgeräusche, für die oft keine genaue Ursache gefunden wird und die schwierig zu behandeln sind. Manche Betroffenen berichten, daß sie das ständige Geräusch fast wahnsinnig machen würde.

Wirkung von AT

Ihnen bereitet das Erlernen des AT große Schwierigkeiten, da das Schließen der Augen zumeist den Tinnitus verstärkt. Schon in der Lernphase müssen daher alle Register der Hilfestellungen gezogen werden. Sie müssen systematisch lernen, ihre Aufmerksamkeit zu lenken, um Distanz vom Ohrgeräusch aufzubauen. Das geht so weit, daß in schwierigen Fällen ausnahmsweise die Entspannungsformeln halblaut vor sich hingemurmelt werden können, um ein wirksames Gegengeräusch zum Tinnitus zu erzeugen. Einige Patienten haben das AT erfolgreich mit Hilfe ihres Partners gelernt, der die Formeln während des Übens (ähnlich wie anfangs der Kursleiter) halblaut vorsprach. Die Ruheformel wird von manchen als absurde Unwahrheit oder als Leistungsdruck erlebt – dann besser weglassen und auf Schwere und Wärme konzentrieren! Hilfreich kann auch die Vorstellung sein, das Geräusch in den Atemrhythmus einzubinden und damit die Intensität zu beeinflussen. Auch Teilübungen im Gesicht oder Nacken können eingesetzt werden. Einigen Patienten half es auch gut, wenn sie die Aufmerksamkeit möglichst weit weg vom Ohr lenken konnten, z.b. auf Wärme in beiden Füßen.

Ein völliges Abschalten des Ohrgeräusches ist unrealistisch, jedoch führt alles, was seine Stärke und Form verändert, schon zur Symptomlinderung.

Symptomformeln
- Geräusche schwingen auf und ab
- Rauschen (Summen etc.) schwingt im Atemrhythmus
- Rauschen wird geringer
- Rauschen entfernt sich
- Ohrgeräusch gleichgültig
- Ohren ruhig und frei
- Ohren angenehm warm

oder paradox:

- Jedes Geräusch vertieft die Entspannung

● Unterleibsbeschwerden
Zu den Unterleibsbeschwerden im engeren Sinne zählen wir Störungen im Bereich der weiblichen Geschlechtsorgane und der Prostata bei Männern. Weitere Anwendungsmöglichkeiten des AT in diesem Bereich finden Sie bei den Blasenstörungen.

Die wichtigsten funktionellen Störungen des Unterleibes sind das praemenstruelle Syndrom (seelische und körperliche Beschwerden vor der Menstruation), die Dysmenorrhoe (schmerzhafte Regelblutung), das Pelipathiesyndrom (chronisch funktionelles Unterleibssyndrom: Schmerzen und vegetative Fehlregulationen), Unregelmäßigkeiten beim menstruellen Zyklus sowie Ausfluß und Juckreiz in der Scheide (Pruritus vulvae).

Die Prostata (Vorsteherdrüse) wird von den Männern oft sehr vernachlässigt und erst wahrgenommen, wenn sie Beschwerden

(Schmerzen, Brennen, Nachlassen des Harnstrahls) macht. Im mittleren Alter treten neben funktionellen Störungen ohne organische Ursache auch chronische Entzündungen auf, im höheren Alter macht die Prostatavergrößerung Beschwerden.

Wirkung des AT

Die meisten Unterleibsbeschwerden, insbesondere das praemenstruelle Syndrom und die Dysmenorrhoe, sprechen recht gut an auf die Verlagerung der Bauchwärme in den Unterleib. Die Erfolge des AT bei den o.g. Störungen bei Frau und Mann sind bei längerer Anwendung insgesamt sehr beeindruckend. Frauenärzte bezeichnen AT deshalb auch als »ein ausgezeichnet wirksames Spasmolytikum (krampflösendes Medikament) für den Leib«. Die Kombination mit Beckenbodengymnastik ist sinnvoll und notwendig.

Symptomformeln

- Kleines Becken warm durchströmt
- Unterleib völlig entspannt
- Beckenmuskel locker und gelöst
- Eierstöcke, Eileiter, Gebärmutter strömend warm
- Vor, während und nach der Menstruation sind Eierstöcke und Gebärmutter entspannt und funktionieren natürlich
- Harmonisch wirken die Hormone
- Die Regel läuft ruhig
- Die Periode geht leicht
- Scheide angenehm kühl und unempfindlich, Juckreiz gleichgültig
- Prostata angenehm warm, Harnstrahl kräftig

● Zahnschmerzen und Zahnbehandlung

Fortgeschrittene können sich bei einer Zahnbehandlung durch Anwendung des AT durchaus eine gewisse Erleichterung verschaffen. Für die Schmerzbeeinflussung empfehlen wir Symptomformeln wie:

- Gesicht locker und entspannt
- Rechter/linker Ober-/Unterkiefer ganz kühl (oder eiskalt)

Verstärkt werden die Formeln durch Kältevorstellungen von Eis oder Schnee am Kiefer und im Gesicht. Auch die Aufmerksamkeitslenkung kann hilfreich zur Schmerzlinderung eingesetzt werden.

Sehr gut ist das AT bei der Zahnarztangst vor der Behandlung wirksam. Die Erwartungsangst wird gemindert und der Schlaf am Abend vorher kommt leichter. Wesentlich ist aber, daß die Tage vor der Behandlung intensiv geübt wird, möglichst auch noch unmittelbar davor im Wartezimmer. Auch während einer längeren Behandlung werden Angst und Streß durch AT reduziert. Man sollte immer dann üben, wenn man alleine im Zimmer auf dem Behandlungsstuhl sitzt, während der Zahnarzt einen anderen Patienten behandelt.

Sie können aber noch so viel AT üben – der wichtigste Faktor zur Reduzierung von Angst und Schmerz ist eine vertrauensvolle Beziehung zum Zahnarzt!

● Zwänge

Jeder von uns erlebt Situationen, in denen er zwei oder dreimal etwas kontrollieren muß oder in denen er zwanghaft irgendwelche Zahlen oder Gegenstände (Treppen, Zaunlatten, Hausnummern) zählt oder sich unsinnige Gedanken immer wieder aufdrängen und nicht abschütteln lassen. Uns ist oft im gleichen Augenblick oder kurze Zeit danach schon klar, daß unser Verhalten unnötig und unsinnig ist. Wollten wir es aber unterdrücken, würden wir uns unwohl fühlen. Wir wären beispielsweise unsicher, ob wir den Herd tatsächlich abgeschaltet oder bei der zweiten Kontrolle etwas übersehen haben oder ihn vielleicht sogar versehentlich wieder angeschaltet haben. Die Spannung lösen wir durch eine erneute Kontrolle. Es gibt Übergänge von zwanghaften Ritualen, magischem Denken (»Katze von rechts bringt schlecht's«) und Ordnungsgewohnheiten bis hin zu behandlungsbedürftigen Zwangsstörungen.

Wirkung von AT

Unsere alltäglichen kleinen Zwänge sind relativ harmlos, erweisen sich aber im Laufe der Zeit möglicherweise mehr und mehr hinderlich und beeinträchtigen unsere Leistungsfähigkeit. Sie sind mit AT durch allgemeine Distanzierungsformeln gut zu beeinflussen. Menschen, die zu übertriebener Ordnung, Pedanterie oder Zwängen neigen, haben oft Schwierigkeiten beim Erlernen des AT. Sie können schlecht loslassen und übertragen nicht selten ihre Zwanghaftigkeit auf die AT-Übungen. Zwar üben sie pedantisch genau und regelmäßig, aber ihre Entspannungserfolge sind gering. Hier müssen entsprechende Hilfestellungen zum »kontrollierten Loslassen« gegeben werden. Die Anwendung des Höhenruders während der Übung erleben zwanghafte Menschen daher als recht hilfreich. Auch die Atemübung mit der Formel *»Ich atme ruhig und gleichmäßig«* kommt dem kontrollierten Loslassen entgegen. Die eigentlichen Zwangsstörungen werden ähnlich wie die Angststörungen mit Verhaltenstherapie behandelt.

Symptomformeln und Leitsätze

Grundsätzlich muß die Zielrichtung sein: Zwänge nicht unterdrücken, aber auch nicht zuviel Aufmerksamkeit darauf lenken, sondern allgemeine Indifferenzformeln und Schaffen eines inneren Ortes von Sicherheit. Scham- und Schuldgefühle sollten abgebaut werden.

- Ich bin ruhig und gelassen, ich lasse los
- Kontrolle unwichtig
- Der Zwang ist weit weg
- Zwang und Ordnung allemal, sind jetzt fort und ganz egal
- Leben ist Wandel und Wechsel
- Zwangsgedanken kommen und gehen (wie Wolken am Himmel)
- Gedankenknoten unnötig
- Mein Atem (mein Herz) gibt mir Sicherheit
- Ich bin selbstbewußt und lasse los

Kapitel 3

Schwanger-schaft und Geburt

Schwangerschaft und Geburt sind keine Störung oder Krankheit, sondern ein natürlicher Vorgang.

In der Geburtsvorbereitung während der Schwangerschaft können Erwartungsängste beeinflußt und positive Einstellungen aufgebaut werden. AT wirkt auch sehr gut gegen funktionelle Schwangerschaftsbeschwerden (Übelkeit, Schlafstörungen, Muskelkrämpfe).

◄ Die Sitzhaltung mit angelehntem Kopf entlastet die Nackenmuskulatur und erleichtert hier die Entspannung.

Während der Geburt wird neben der Schmerzerleichterung auch die Entspannungsfähigkeit zwischen den Wehen verbessert.

Die Einstellung zu Schwangerschaft und Geburt

Diese im Leben einer Frau wohl wichtigste Schwellensituation beginnt im Grunde schon mit der Form der Partnerwahl und dem Kinderwunsch. Die Entscheidung für ein Kind wird nur zum Teil durch äußere Bedingungen (Partnerschaft, Wohnsituation, finanzielle Möglichkeiten, zwischenmenschliche Unterstützung) geprägt. Wesentlicher ist die innere Entscheidung, die die Einstellung zur Schwangerschaft und zum werdenden Kind prägt.

Verbessert AT die Empfängnis?

Während wir die Empfängnisverhütung in der heutigen Zeit aus medizinischer Sicht gut und zuverlässig beeinflussen können, leiden viele Ehepaare mit Kinderwunsch unter Problemen mit der Fruchtbarkeit. Möglichkeiten der künstlichen Empfängnis wurden von der medizinischen Forschung auf beeindruckendem Niveau entwickelt und werden mehr und mehr genutzt. Als Psychotherapeut steht man diesem technischen Vorgehen der Empfängnis eher skeptisch gegenüber. Wir machen immer wieder die Erfahrung, daß es auch bei gesunden und in körperlicher Hinsicht fruchtbaren Paaren gerade dann »nicht klappt«, wenn sie es sich sehnlichst wünschen. Offensichtlich ist es mit der Empfängnis ähnlich wie mit dem AT: Zu starkes Wollen führt zu blockierender Anspannung. Die engen Zusammenhänge zwischen Psyche, Vegetativem Nervensystem und Hormonsystem machen diese Blockade bei der Empfängnis durchaus plausibel. Nicht selten erleben wir dann plötzlich eine Schwangerschaft, wenn Paare nach einigen Jahren ihren Wunsch aufgegeben haben. Sie haben die blockierende Anspannung losgelassen, und es kann zur Empfängnis kommen.

Damit keine Mißverständnisse entstehen Diese Annahmen lassen sich aus Erfahrungen ableiten, sind aber wissenschaftlich nicht bewiesen. Ebenso gibt es keine klinische Studie, die die Wirksamkeit des AT zur besseren Empfängnis belegen kann. Es sollte immer eine Untersuchung möglicher körperlicher Ursachen erfolgen und unbedingt eine psychotherapeutische Beratung. Welches Ergebnis sich jedoch auch immer dabei ergibt: Mit Sicherheit kann das AT dazu beitragen, die Erwartungsspannung zu reduzieren und den Leistungsdruck aus dem Geschlechtsverkehr zu nehmen – auch das Zeugen eines Kindes sollte mit Genuß und Spaß verbunden sein. Sinnvoll ist dabei natürlich, daß beide Partner AT lernen, um zu einer gemeinsamen entspannten Grundhaltung zu kommen.

Was wirkt gegen Empfängnisstreß?

Darüber hinaus können Frauen auf körperlicher Ebene ihre Empfängnisbereitschaft möglicherweise durch entspannende, fließende Wärmeempfindungen im Unterleib verbessern. Sätze wie:

- Becken angenehm locker und warm
- Eierstöcke, Eileiter, Gebärmutter entspannt
- Geschlechtsorgane funktionieren natürlich

können hilfreich sein. Inwieweit Männer die Fruchtbarkeit ihrer Spermien und ihren Samenerguß beeinflussen können, ist nicht bekannt.

Besonders hinderlich scheint der Erfolgsdruck zu sein, unter den sich Paare setzen. Versagensängste, gegenseitiges Mißtrauen, wer für die Misere verantwortlich ist, irrationale Schuldgefühle, dumme Sprüche aus der Verwandtschaft u.ä. können zu einer erheblichen Belastung für die Partnerschaft werden. Gegen den Empfängnisstreß wirken am besten allgemeine persönlichkeitsstützende Leitsätze.

Eine gemeinsame Leitidee

Eine sehr schöne Lösung scheint auch die Entwicklung einer gemeinsamen Leitidee zu sein, die von dem drängenden Kinderwunsch etwas wegführt und andere Werte der gemeinsamen Partnerschaft unterstreicht. In diesem Fall sollten beide Partner (nachdem jeder das AT für sich selbst gelernt hat) sich auf einen gemeinsamen Leitsatz einigen:

- Ich vertraue meinem Partner
- Ich genieße die intime Nähe
- Verständnis und Zärtlichkeit tun mir gut

Paare, die sich zu einer künstlichen Befruchtung entschlossen haben, stehen häufig unter einem extremen Druck, die Vorgaben der Ärzte genau einhalten zu müssen. Versagensängste und Gefühle, etwas falsch zu machen, wirken sich hier viel stärker aus, so daß dieser schwierige Weg durch streßdistanzierende Formeln und auch durch persönliche Leitsätze unterstützt werden kann.

Anwendung während der Schwangerschaft

Während der Schwangerschaft können wir zwei Entwicklungsphasen unterscheiden: Die Zeit, in der sich die Frau auf die Veränderungen körperlich-seelischer Art einstellt und das Heranwachsen des Kindes im Mutterleib erlebt, und die Phase der Geburtsvorbereitung.

Psychologische Vorbereitung auf das Kind

Bei einer Frau, die von ihrer Schwangerschaft erfährt, beginnt eine Zeit zunehmender körperlicher und psychischer Veränderungen. Körperlich erlebt sie in den ersten vier bis fünf Monaten vornehmlich allgemeine Veränderungen, die auch mit Beschwerden (Schwangerschaftserbrechen, Kreislaufstörungen) verbunden sein können. Wenn sie die ersten Kindsbewegungen im Bauch spürt, erfolgt eine vermehrte Konzentration der Aufmerksamkeit auf das Heranwachsen des Kindes. Es entsteht eine erste Beziehungsaufnahme und intensivere Auseinandersetzung mit der Mutterrolle, so daß körperliche und seelische Aspekte ineinander übergehen. AT kann hilfreich zur psychologischen Vorbereitung und zur entspannten Begleitung dieser Entwicklungsphase eingesetzt werden. Die allgemeinen Entspannungsformeln helfen, Ängste abzubauen und etwas Distanz von den bevorstehenden Mühen von Schwangerschaft und Geburt zu schaffen.

Positive Einstellung entwickeln

Wenn die Schwangere eine positive Einstellung zu den körper-lich-seelischen Veränderungen entwickeln kann, verläuft die Schwangerschaft nachgewiesenermaßen leichter und mit weni-ger Komplikationen. Dies kann durch Leitsätze gefördert wer-den:

- Ich freue mich auf mein Kind
- Mein Kind wächst in mir
- In mir ist Leben und Kraft

Auch die Atemformel

- Es atmet in mir

schafft eine positive, eher meditative Hinwendung zum Kind.
Es sollte erwähnt werden, daß natürlich auch die Einstellung des werdenden Vaters und seine Auseinandersetzung mit den ihm oftmals recht fremden Veränderungen bei seiner Frau von Be-deutung sind. Der Austausch über Erlebnisse und Gefühle, das Mitteilen von Befürchtungen beider Partner und die gemeinsa-me Suche nach Lösungen ist einerseits Ausdruck einer guten Be-ziehung und fördert andererseits das Gefühl der Verbundenheit. Wird die Frau alleingelassen mit ihren Ängsten, werden sich die-se verstärken.

Körperliche Beschwerden während der Schwangerschaft

Der Einsatz des AT bei körperlichen Beschwerden sollte mit dem Frauenarzt abgestimmt sein, damit keine ernsthaften Er-krankungen übersehen werden. Die häufigsten funktionellen Schwangerschaftsbeschwerden sind Übelkeit und Erbrechen, Kreislaufstörungen, Durchblutungsstörungen der Arme und be-sonders der Beine, Krämpfe der Muskulatur und Schlafstörun-gen. Schon die Grundübungen des AT führen teilweise zur Besse-rung der Durchblutung, der Muskelkrämpfe und des Schlafes. Bei Übelkeit kann die Atemübung hilfreich eingesetzt werden, ergänzt durch Symptomformeln:

- Mit jedem Atemzug vermindert sich die Übelkeit
- Übelkeit ausatmen, Kraft und Frische einatmen
- Atmung lockert Brustraum und entspannt den Magen

Niedriger Blutdruck und kalte Hände und Füße werden durch kreislaufverstärkende Formeln beeinflußt:

- Pulsschlag ruhig und kräftig
- Wärme strömt aus der Körpermitte in Arme und Beine

Der Schlaf kann in der Schwangerschaft in doppelter Hinsicht gestört sein: Einerseits rein körperlich durch den Leibesumfang und die dadurch bedingte ungewohnte Körperlage beim Schlafen. Andererseits durch die Erwartungsunruhe, die sich gegen Ende der Schwangerschaft hin steigert. Allgemein beruhigende Formeln, die etwas Distanz schaffen, sind hier zumeist ausreichend.

Muskelkrämpfe werden mit der Schwereübung beeinflußt. Dabei wird das Wort *»schwer«* am besten durch *»locker«* ersetzt, insbesondere bei Krämpfen der Beinmuskulatur:

- Wadenmuskel angenehm locker

Auch die gezielte Wärmeempfindung in der Muskulatur ist krampflösend. In diesem Fall wird Wärme nicht auf die Haut und auch nicht auf die Füße, sondern direkt im verkrampften Muskel konzentriert. Ergänzt wird das AT dabei aber unbedingt durch sanfte krampflösende Bewegungsübungen. Schwere Beine entstehen in der fortgeschrittenen Schwangerschaft auch durch Blutabflußstörungen, da das Kind auf die Blutgefäße des Bauches drückt. Die Bauchübung kann hier möglicherweise Symptomlinderung bringen.

Manche Frauen berichten über erfolgreiche Versuche, bei verstärkten unangenehmen Kindsbewegungen AT zur Beruhigung eingesetzt zu haben. Andere berichten das Gegenteil: Während des AT verstärken sich die Bewegungen. Die Erklärung dafür ist recht einfach: Das Kind hat ein eigenes Vegetatives Nervensystem, das nicht mehr unmittelbar im Kontakt mit der Mutter steht. Der Austausch erfolgt im wesentlichen durch das Blut über die Nabelschnur. Das bedeutet, daß Streßhormone durchaus auf das Kind wirken können, der Entspannungsreflex aber nicht. Die einzelne AT-Übung hat also keinen direkten Einfluß auf das Kind, so daß seine Reaktion wohl zumeist unabhängig von der Entspannung der Mutter entsteht.

Schadet die Bauchübung?

Häufig tritt die Frage auf, ob die Bauchübung des AT die Schwangerschaft gefährdet, z.B. vorzeitige Wehen auslösen könnte oder durch Veränderungen von Durchblutung und Temperatur im Bauch dem Kind möglicherweise schaden könnte. Sofern die Übung korrekt durchgeführt wird und früher schon gut eingeübt wurde, gibt es dafür keinen Grund zur Sorge. Es ist dabei aber empfehlenswert, das AT nicht erst im sechsten Monat der Schwangerschaft zu lernen. Besser wäre ein Kurs zu Beginn der Schwangerschaft oder vorher bei noch »normalen Bauchverhältnissen«, um dann die späteren Veränderungen besser registrieren zu können. Die Konzentration auf den Bauch verstärkt häufig die positive Beziehung zum heranwachsenden Leben und entspannt den Bauchbereich bei unruhigen Kindsbewegungen. Bei manchen Frauen kann die Bauchübung aber auch zu einer verstärkten, ängstlichen Aufmerksamkeit auf den Bauch führen, die sich dann auch zwischen den AT-Übungen als ständig angespannte Beobachtung auswirkt. Dies betrifft insbesondere ängstliche Frauen bzw. Frauen nach Fehlgeburten oder mit Schwangerschaftskomplikationen. Hier führt die Aufmerksamkeitslenkung weg vom Bauch zur Entspannung. Sehr empfehlenswert ist hierbei die Atemübung, die mit einem Gefühl des Fließens Spannungen gut löst und bei Bedarf auch leicht auf den Bauch ausgedehnt werden kann.

Körperliche Schwangerschaftsbeschwerden werden stark dadurch beeinflußt, wie entspannt oder wie sorgenvoll die Beschäftigung mit dem eigenen Körper geschieht. Eine gute Beziehung zum eigenen Körper, eine positive Einstellung zu Schwangerschaft und Geburt und soziale Unterstützung durch Partner und Freunde wirken sich dabei günstig aus.

Geburtsvorbereitung

In der zweiten Hälfte der Schwangerschaft beginnt die systematische Vorbereitung auf die Geburt. Dies dient dazu, ängstigende

Einstellungen abzubauen (z.B. Geburt sei ein überwiegend schmerzvoller und gefährlicher Vorgang), Erwartungsspannung zu reduzieren und geburtserleichternde Maßnahmen zu erlernen. Angst führt zu einer Abwehrreaktion, die Muskelspannungen hervorruft. Dies führt zu Verspannungen im Becken und zum Widerstand gegen die Öffnung des Muttermundes. Widerstand und Spannung lassen Schmerz entstehen. Das Ausmaß des Geburtsschmerzes ist daher wesentlich in psychischen und sozialen Umständen zu sehen, und es geht darum, diesen Angst-Spannung-Schmerz-Kreislauf zu unterbrechen, um die Geburt zu erleichtern. Dies geschieht in den Geburtsvorbereitungskursen durch Aufklärung (Informationsvermittlung), Gymnastik, Atemübungen und Entspannung. Auch der Partner wird teilweise dabei einbezogen.

AT während der Geburt

Während der Geburt wird das AT mit den Atemübungen zur Schmerzerleichterung und Wehensteuerung kombiniert. In die Wehe hinein wird gepreßt und nach der Wehe mit AT und Atmung entspannt. Der Wechsel zwischen Anspannung und Entspannung ist uns von den Grundübungen her vertraut. Durch dieses Vorgehen wird die Eröffnungsperiode des Muttermundes verkürzt, die durchschnittliche Wehenzahl ist geringer als bei Nichttrainierten, die »Arbeitszeit« während der Wehen ist kürzer und die subjektive Schmerzempfindung wesentlich geringer.

Möglichkeiten der Partnerübung

Während wir sonst das AT autogen durchführen wollen, kann in diesem Fall die Unterstützung durch den Partner sehr hilfreich sein: Schon in der Vorbereitung auf die Geburt wird geübt, indem er die Konzentrationsformeln ruhig und hörbar mitspricht, so wie es der AT-Trainer anfangs auch macht. Während der Geburt kann sich dann das »eingespielte Team« auf diese Weise gut unterstützen. Dieses Vorgehen mindert das Gefühl des Allein-auf-sich-gestellt-seins bei der Frau und verstärkt auch das Gemeinschaftserlebnis im Sinne einer gemeinsam erbrachten Leistung.

Als entspannungsverstärkende Symptomformeln empfehlen sich:

- Becken strömend warm
- Der Beckenboden ist locker und schwer
- Beckenboden öffnet sich
- Ich bin bei Wehen ganz ruhig und frei
- Geburtswege locker, entspannt und frei
- Ich erwarte mein Kind ruhig und entspannt

Die Anwendung des AT zur allgemeinen Gesundheitsförderung und Alltagsbewältigung

In diesem Kapitel lernen Sie die Anwendung des AT zur alltäglichen Streßbewältigung kennen. Wie entsteht Streß, und was können Sie dagegen tun? Was erreichen Sie mit kurzzeitigen Entspannungsübungen und Erholungspausen im Tagesverlauf? Lesen Sie, wie Sie durch mehr Selbststeuerung und Selbstkontrolle mit AT zu einer Verbesserung Ihrer Gesundheitsbilanz beitragen.

Außerdem werden weitere Anregungen und Möglichkeiten vorgestellt, das AT konsequent in Ihren persönlichen Alltag zu integrieren, und zwar unauffällig für andere. Der Nutzen liegt auf der Hand: Leistungssteigerung in Schule, Beruf und Sport, souveräner Umgang mit anderen Menschen, Stärkung von kreativen Fähigkeiten.

◄ Nutzen Sie die Entspannungsmöglichkeiten im Alltag – Sie werden erstaunt sein, wo Sie überall AT üben können.

AT als Behandlung – AT als Vorsorge

Sie haben nun viele Beispiele kennengelernt, wie AT bei verschiedenen akuten und chronischen Störungen und Krankheitsbildern angewendet werden kann. Wir haben uns dabei im wesentlichen damit beschäftigt, wie einzelne Symptome oder Störungen beeinflußt werden können. Wir nutzen das AT, um Kontrolle über störende Abläufe zu gewinnen. Durch den Entspannungsreflex erreichen wir eine bessere Distanz zu den Symptomen und können Krankheiten leichter bewältigen.

Dies ist für die meisten Menschen auch der Hauptgrund, AT zu lernen: Es gibt etwas, worunter sie leiden, und sie erhalten die Empfehlung, es einmal »mit AT zu versuchen«. Und dies ist auch richtig so, denn die Wirksamkeit des AT ist bei einer Vielzahl von Störungen und chronischen Erkrankungen wissenschaftlich gut belegt. In diesem Fall dient AT also zur Beeinflussung und Behandlung schon eingetretener Störungen.

AT als vorsorgende Maßnahme

»Vorsorgen ist besser als heilen« sagt der Volksmund. Wir müssen nicht erst warten, bis »das Kind in den Brunnen gefallen ist«, sondern können AT auch ausgezeichnet als vorbeugende und gesundheitserhaltende Maßnahme einsetzen. Der vorsorgende Charakter des AT wird besonders deutlich, wenn Sie sich die allgemeinen Anwendungsmöglichkeiten vor Augen halten (siehe Kapitel 2). Schon allein die Verbesserung der Schlaf- und Erholungsfähigkeit sowie das Abschirmen störender Gefühlsschwankungen wirken sich auf viele Bereiche unseres alltäglichen Lebens positiv aus. Durch AT fördern wir das gesunde Wechselspiel zwischen Sympathikus und Parasympathikus, zwischen Spannung und Entspannung, zwischen Aktivität und Erholung. Dabei kommt es ganz wesentlich auf die Regelmäßigkeit der Übungen an. Wer täglich seine Entspannungsübungen durchführt, trainiert systematisch das o.g. Wechselspiel, bessert dadurch seine Befindlichkeit, schirmt sich gegen gesundheitsschädigende Einflüsse ab und fördert seine Gesundheit. Ein Mensch, der im Gleichgewicht mit sich und seiner Umgebung ist, oder der in der

Lage ist, ein solches Gleichgewicht immer wieder schnell herzustellen, ist auch weniger streßanfällig.

Im Gegensatz zu den in Kapitel 2 dargestellten Anwendungen benötigen Sie beim »Vorsorge-AT« keine zusätzlichen Formeln, sondern es genügt die regelmäßige Grundübung, eventuell ergänzt durch einzelne Organübungen.

Gesundheitsvorsorge ist in der Medizin eng mit dem Begriff der »Gesundheitsförderung« verbunden.

Was ist Gesundheitsförderung?

Wir verstehen heutzutage unter »Gesundheitsförderung« ein Konzept von umfangreichen Maßnahmen, die dem Menschen die verschiedenen Risikofaktoren für Krankheiten bewußt machen sollen und ihm die Möglichkeit geben, ein gesünderes Verhalten zu lernen.

Als unmittelbar greifbare Risikofaktoren für chronische Krankheiten finden wir (in unterschiedlichem Maße):

- falsche Ernährungsgewohnheiten,
- Bewegungsmangel,
- Rauchen,
- Alkohol,
- mangelhafte Streßbewältigung.

Gesundheitsförderung bedeutet Abbau von Risikofaktoren

Wir wissen heute, daß ein gesundheitsgerechtes Verhalten nicht alleine über die Vernunft und schon gar nicht durch einen erhobenen Zeigefinger erreicht werden kann. Beispielsweise haben Filme über die Amputation von Raucherbeinen trotz ihrer schockierenden Eindrücklichkeit nur wenige Raucher wirksam bekehrt. Wenn moderne Gesundheitsförderung Risikofaktoren abbauen will, muß sie die persönlichen Einstellungen und Denkweisen, das Verhalten des einzelnen wie auch seine Lebens- und Arbeitsverhältnisse gleichermaßen berücksichtigen.

Gesundheitsförderung bedeutet daher auch mehr als bloße Krankheitsverhinderung. Der einzelne Mensch soll zu einem gesunden Leben motiviert werden, seine körperlichen und seelischen Widerstandskräfte und Schutzfaktoren sollen gestärkt werden. Er soll in die Lage versetzt werden, seine Lebensbedingungen so zu gestalten, daß Denken und Fühlen sowie körperliche Belastungsfähigkeit ihm in optimaler Weise zur Verfügung stehen.

Da dieses anspruchsvolle Ziel nur durch ein ganzes Bündel von Maßnahmen erreicht werden kann, hat man heute Gesundheitsförderungsprogramme entwickelt, die unter anderem an den genannten Risikofaktoren ansetzen.

Das AT als Entspannungstraining ist hierbei ein wichtiger Baustein, es wird mit verschiedenen anderen Vorgehensweisen kombiniert. Wir wollen im folgenden darauf eingehen, wie AT den Risikofaktor Streß beeinflussen kann, wie es zur besseren Streßbewältigung wirksam eingesetzt wird.

Gesundheitlich günstiger – gesundheitlich ungünstiger Streß

Streß ist ein recht verbreitetes Phänomen. Er begegnet uns am Arbeitsplatz, im Straßenverkehr, in der Schule, in persönlichen Beziehungen zu anderen Menschen, beim Einkaufen, im Sport, in der Freizeit und sogar im Urlaub.

»Ich bin im Streß«, »Das macht Streß« oder »Was für ein Streß heute wieder« sagen wir, wenn wir uns be- oder überlastet fühlen. Wir benutzen diesen Begriff sowohl für die Streßreize (Stressoren), die auf uns einwirken (»Die Autofahrt war heute wieder ein einziger Streß«), wie auch für unsere Reaktion auf diese Reize (»Ich fühle mich total gestreßt«).

Was sind Stressoren?

Wir verstehen darunter ganz allgemein diejenigen Anforderungen in einer Situation, die bei uns eine Streßreaktion auslösen. Stressoren können von außen wirken (Lärm, Hitze, Kälte, Verletzungen, Leistungsanforderungen, Konkurrenzkampf, zwischenmenschliche Spannungen etc.), sie können aber auch von innen heraus entstehen (Hunger, Spannungen, Selbstüberforderung, Ehrgeiz, Profitstreben, Ängste, Konflikte etc.), d.h. im Menschen selbst liegen. Äußere und innere Streßfaktoren sind oftmals nicht voneinander zu trennen. Den inneren Faktoren kommt für längerdauernden Streß eine ganz wesentliche Bedeutung zu. Denn Stressoren sind keine objektiven Belastungsfaktoren, sondern werden ganz entscheidend durch unsere subjektiven Einstellungen wirksam. Der eine Mensch wird beispielsweise durch eine Achterbahnfahrt hochgradig stimuliert, der andere bekommt schon beim Zuschauen Angst. Der eine braucht Lampenfieber, um eine gute Leistung zu erbringen, beim anderen blockiert der gleiche Reiz die Fähigkeiten und führt zum Versagen. Es hängt sehr von der Persönlichkeit des einzelnen ab, wie er mit solchen Anforderungen umgeht.

Welche Situationen führen mit hoher Wahrscheinlichkeit zu Streß?

Folgende Bedingungen erleben wir »stressend«:

- neue, wenig vertraute Situationen,
- Situationen, die nicht vorhersehbar sind,
- Situationen, die schwer zu durchschauen sind,
- wenn wir Situationen nicht beeinflussen können.

Interessanterweise hat die Streßforschung inzwischen festgestellt, daß es weniger einzelne hervorstechende, belastende Ereignisse sind, die uns den meisten Streß machen. Die Häufigkeit und Intensität der vielen kleinen Belastungen des Alltags (»daily hassles«) haben eine weitaus größere Bedeutung für Streß- und Krankheitsentstehung.

Die Streßreaktion

Wenn wir Stressoren ausgesetzt sind, erleben wir verschiedenste Beeinträchtigungen unseres körperlichen und seelischen Wohlbefindens, die sich unter dem Begriff der Streßreaktion zusammenfassen lassen.

Auf der körperlichen Ebene entspricht die Streßreaktion der Alarmreaktion, also einer starken Aktivierung des Sympathikus (siehe Kapitel 1).

Unser Denken und Fühlen wird dabei bestimmt durch innere Unruhe, Nervosität, Unzufriedenheit, Angst, Hilflosigkeit, Überforderung, kreisende Gedanken oder auch Denkblockaden.

Unser Streßverhalten kann sehr unterschiedliche Formen annehmen. Häufig zeigt sich die Nervosität in einem sprunghaften und gereizten Verhalten, die Arbeitsleistung läßt nach, die Arbeitsorganisation wird chaotischer, es entstehen Konflikte mit anderen Menschen, Suchtverhalten (Kaffee, Zigaretten, Alkohol, Schlafmittel) nimmt zu etc.

Eine Streßreaktion besteht also darin, daß wir auf relativ gleichförmige, ähnliche Art auf verschiedenste Belastungsfaktoren mit einer Sympathikusaktivierung antworten.

Wir haben uns bisher vorwiegend mit den belastenden Aspekten des Stresses beschäftigt. Streß ist aber auch »die Würze des Lebens«, wie ein moderner Spruch lautet. Streß kann auch als Herausforderung verstanden werden, als Möglichkeit, die eigenen Fähigkeiten zu zeigen. Aber wann wird Lampenfieber zum Streß, wann die Angstlust auf der Achterbahn zum Angststreß? Wann ist Streß gesundheitlich günstig, wann krankmachend?

Gesundheitlich günstiger Streßablauf

Die folgende Abbildung zeigt Ihnen, wie Sie sich einen gesunden Streßablauf vorstellen können. Die blaue Kurve beginnt mit der vegetativen Normallage. Wenn wir nun einem Streßreiz ausgesetzt sind, kommt es, nach einer kleinen parasympathischen Vorreaktion (Schreckreaktion, die nur Sekundenbruchteile anhält), zu einer ausgeprägten Aktivierung des Sympathikus (Alarmphase). Ist der Streßreiz überwunden, folgt auf die Alarmphase dann eine parasympathische Erholungsphase.

So würden wir uns idealerweise unseren Alltag vorstellen. Nach jeder Anforderung haben wir eine längere Pause, um uns zu re-

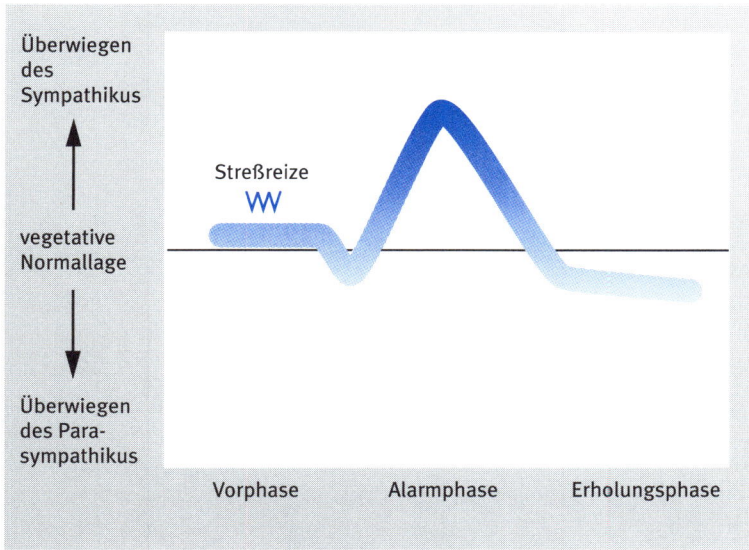

Abb. 23: Gesundheitlich günstiger Streßablauf (Eustreß)

generieren. Wir nennen diesen Streßablauf daher auch »Eustreß« (griech. *Eu* = gut).

Gesundheitlich ungünstiger Streßablauf

Der Alltag in unserer durchorganisierten, komplexen und auf Leistung orientierten Gesellschaft sieht jedoch ganz anders aus. Dies macht die folgende Abbildung deutlich. Von Beginn des Tages an reiht sich Streßreiz an Streßreiz, Alarmphase an Alarmphase. Wir haben zumeist keine Möglichkeit und insbesondere keine Zeit, in eine parasympathische Erholungsphase hineinzukommen.

Die blaue Kurve macht eindrucksvoll deutlich, daß wir den ganzen Tag über unter einer zunehmenden Sympathikusdaueraktivierung stehen. Die auf uns einwirkenden Streßreize können dabei von Mensch zu Mensch und auch in der jeweiligen Situation sehr unterschiedlich sein. Wenn sich die Aktivierungskurve untertags so hochschaukelt, ist es kein Wunder, daß wir

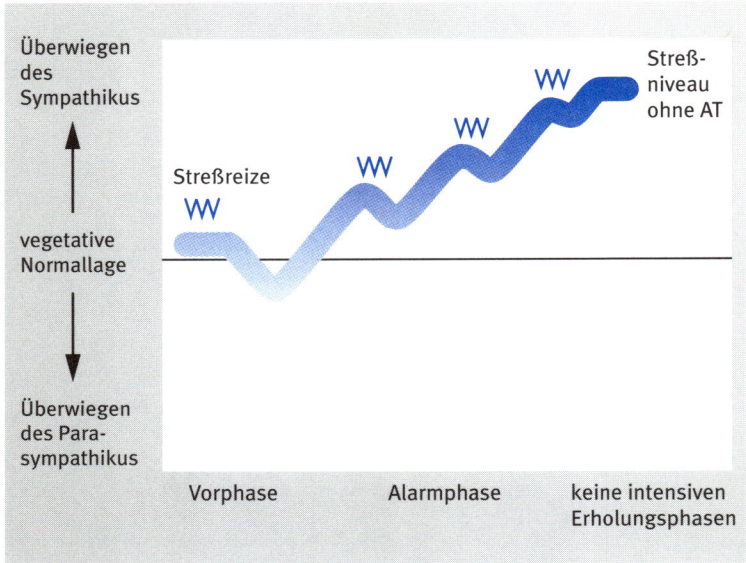

Abb. 24: Gesundheitlich ungünstiger Streßablauf (Dysstreß)

dann abends im vegetativen Ungleichgewicht sind (Dysstreß), nicht zur Ruhe kommen und nicht mehr einschlafen können. Es ist naheliegend, daß eine solche Situation längerfristig krank macht. Um gesund zu bleiben, müssen wir daher unsere alltägliche Streßbewältigung verbessern!

Streß bei unseren Vorfahren

Betrachten wir einmal die Situation unserer Vorfahren, die noch Jäger und Sammler waren. Wenn sie sich auf der Jagd befanden, war überwiegend ihr Sympathikus aktiv. Begegneten Sie einem wilden Tier, so kam es in Sekundenbruchteilen zu einer Alarmreaktion, und sie mußten sich blitzschnell zwischen Kampf oder Flucht entscheiden, je nachdem wie die Chancen standen. Gefressen werden oder selbst etwas zum Essen haben, war die Frage. Hätten unsere Vorfahren diese Notfallreaktion nicht zur Verfügung gehabt, würden wir heute nicht existieren. Sie war also in der Vorzeit überlebensnotwendig.

Entspannung bei unseren Vorfahren

Spielen wir diese Szene etwas weiter. Einer unserer Vorfahren traf auf einen Bären, hat sich für Kampf entschieden und gewonnen. Triumphierend bringt er seine Beute zum geschützten Lagerplatz und bereitet sie am Feuer zu. Der Geruch des gebratenen Fleisches, die beruhigende Wärme des Feuers, das Gefühl der erfolgreichen Jagd, die Anerkennung der Stammesgenossen, die Vorfreude auf das gute Essen – beste Voraussetzungen für eine parasympathische Entspannungslage, beneidenswert.

Vermutlich wird dennoch keiner von uns aus heutiger Sicht ernsthaft mit ihm tauschen wollen. Unsere Abenteuerlust ist an ein gewisses Sicherheitsbedürfnis gekoppelt, und so extremen und gefährlichen Wechselsituationen zwischen Sympathikus und Parasympathikus, wie sie für unsere Vorfahren zur Tagesordnung gehörten, möchten wir nun doch auch nicht immer wieder ausgesetzt sein.

Streßfaktoren heute

Aber haben wir es heutzutage wirklich besser? Nein, im Gegenteil. Statt einem gesunden Wechsel zwischen Sympathikus und Parasympathikus erleben wir heute ständig Mischsituationen, in denen beide Nervensysteme gleichzeitig aktiviert sind. Ist Ihnen schon einmal aufgefallen, wie oft Sie während irgendwelcher Tätigkeiten Nahrung zu sich nehmen. Während der Arbeit, während des Autofahrens, während einer hitzigen Diskussion. Worauf soll der Körper nun reagieren? Soll er den Parasympathikus, also die Verdauung, aktivieren oder soll er über den Sympathikus unsere Reaktions- und Leistungsfähigkeit erhöhen? Die längerdauernde gleichzeitige Aktivierung von Sympathikus und Parasympathikus ist eine Ursache, warum wir heutzutage streßanfälliger sind.

Ein weiterer Aspekt ist die Tatsache, daß wir vielen Situationen nicht ausweichen können und auch keine schnelle Entlastung herbeiführen können.
Welche Rolle spielt nun das AT bei der Streßvorbeugung und Streßbewältigung?

Gesundheitsförderung durch Streßbewältigung

Die primären Ziele des AT sind Beruhigung, Erholung und Streßabbau. Wenn wir unseren Streß damit abbauen können oder zumindest besser bewältigen können, stärken wir dadurch auch unsere Gesundheitsbilanz. Dies ist wissenschaftlich gut belegt und wird allenthalben propagiert. Durch eine verbesserte Streßbewältigung können wir zumindest einen Risikofaktor für die Entstehung von Zivilisationskrankheiten abbauen.

Wie kann man sich die Wirkung des AT im Alltagsverlauf vorstellen?

Die Sympathikusdaueraktivierung entsteht nur dadurch, daß wir ohne Pause eine Alarmphase nach der anderen erleben. Die fehlenden Erholungsphasen bewirken den ungünstigen Streßablauf. Der Parasympathikus muß eben im Tagesverlauf auch immer wieder zu seinem Recht kommen. Sie wissen aber inzwischen, daß die Aktivierung des Parasympathikus schnell und zuverlässig durch den Entspannungsreflex im AT herbeigeführt wird.

Die naheliegende Konsequenz daraus ist, daß wir morgens schon mit AT beginnen sollten und immer wieder am Tag kurze Übungen einstreuen sollten. Statt der Sympathikusdaueraktivierung bleibt dadurch das Wechselspiel im Vegetativen Nervensystem flexibel und das Streßniveau sinkt durch die zwischenzeitlichen Erholungsphasen. Diese Wirkungen des AT sind in der folgenden Abbildung dargestellt.

Wenn Sie diese Abbildung betrachten, werden Sie möglicherweise sagen: Gut und schön, alles einzusehen. Aber wie soll ich in meinem Alltag Zeit und Möglichkeit finden, mich kurzfristig effektiv zu entspannen?

Sie erinnern sich an die Ausführungen zu Beginn des Buches: Keine Zeit für Autogenes Training. Viele Menschen haben das AT gelernt, wenden es im Alltag dann aber nicht an.

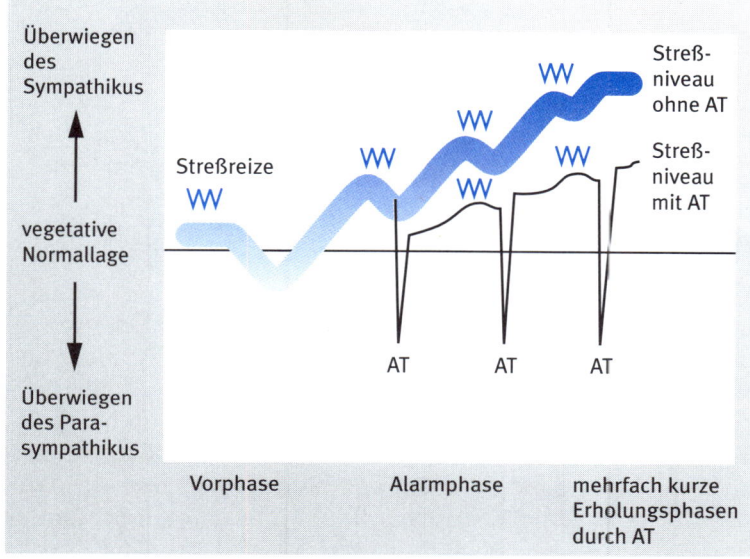

Abb. 25: Streßbewältigung durch Autogenes Training

Kurzentspannung im Alltag

Für Situationen, in denen eine reguläre Entspannungsübung nicht durchführbar ist, empfehlen sich die Kurzentspannungsübungen. Damit erreichen Sie zwar kein tiefes Entspannungsstadium. Das ist auch nicht das Ziel, sondern die Kurzübungen dienen der besseren Selbstkontrolle in belastenden Situationen. Sie sollen verhindern, daß die sympathische Erregung weiter steigt, und verschieben damit das vegetative Gleichgewicht zugunsten des Parasympathikus.

Zwei Faktoren werden wirksam

● Wir blockieren den Sympathikus zunächst nicht mit dem AT auf der Ebene der konzentrativen Entspannung, sondern durch eine gezielte kurze Körperbewegung.

● Erst dann leiten wir durch die Konzentration auf die Kurzformel »Ruhe-Schwere-Wärme« den Entspannungsreflex ein.

Diese Vorgehensweise wird auch in unterschiedlichsten Situationen immer in gleicher Form wie ein Ritual durchgeführt. Sie hat sich sowohl für Kursteilnehmer wie auch für unsere Patienten als äußerst wirksame Hilfe zur Verbesserung der Selbststeuerung bewährt. In Anlehnung an die Äußerung einer Patientin haben wir diese Kurzübung »Ruck-Zuck-Entspannung« genannt.

Die Ruck-Zuck-Entspannung

Die Übung dauert nicht länger als 20 bis 30 Sekunden und kann im Sitzen, Stehen und während dem Gehen durchgeführt werden. Die Augen bleiben geöffnet, eine Rücknahme ist nicht notwendig, da wir nur den Sympathikus blockieren und keine tiefere Entspannung bewirken wollen.
Sie lenken Ihren Blick auf die rechte Hand (Linkshänder können auch die linke Hand nehmen) und bilden eine Faust. Der Daumen bleibt außen. Sie spannen die Faust kurz (ca. 5 Sekunden) und kräftig an (siehe Photo).

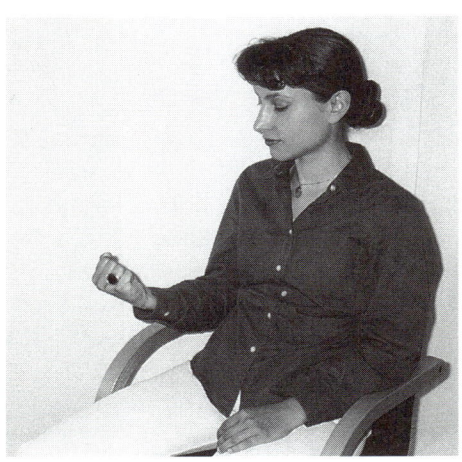

Abb. 26: Ruck-Zuck-Entspannung (Anspannungsphase)

Bitte nicht zu fest anspannen, es sollte nicht weh tun, sondern es geht lediglich darum, daß Sie durch die Muskelspannung Ihre Aufmerksamkeit besser auf die Hand lenken können. Dabei nicht die Luft anhalten, sondern weiteratmen.

...wieder locker, richten Ihren Blick auf ...nd und konzentrieren sich auf die ...ärme«. Gegebenenfalls können Sie ...n persönlichen Leitsatz hinzufü-

Abb. 27: Ruck-Zuck-Entspannung (Entspannungsphase)

...die Übung durch ein kurzes Schütteln des Armes ...ontakt mit der Umgebung. Diese Übung können Sie ...nfalls mehrfach wiederholen.

...beachten: Kurzübungen funktionieren nur, wenn Sie AT ...nen. Der Entspannungsreflex muß gut »gebahnt« sein.

Wichtig ist außerdem das Ritual: Die Übung immer nach dem gleichen Muster durchführen. Erst dann kann sie ihre Wirksamkeit richtig entfalten.

Sie können sich auch folgende innere Kommandos geben:

- Blick und Gedanken zur Hand
- Faust bilden
- Weiteratmen
- Hand loslassen
- Kurzformel

- Leitsatz
- Kontakt zur Umwelt wieder aufnehmen

Die erste Phase der Kurzübung können Sie auch noch für sich persönlich erweitern, indem Sie die jeweils störenden Gefühle und Gedanken, derentwegen Sie die Übung aktuell durchführen, quasi in die Faust»hineinpacken«. Das Drücken verstärkt dann den psychologischen Effekt des Kontrollgefühls über die belastende Situation.

Ergänzende Sätze wären hier:

- Ich nehme die Dinge selbst in die Hand
- Ich behalte das Problem im Griff
- Ich zerdrücke meine Unsicherheit

Wenn Sie die Ruck-Zuck-Entspannung etwas eintrainiert haben, sollten Sie die Übung ruhig eine Zeitlang möglichst oft im Alltag einsetzen. Nur so können Sie die Wirkung erleben. Dabei geht es insbesondere um Situationen, denen Sie nicht ausweichen können und die Sie auch nicht anders verändern können. Die Verkäuferin wird sich den verärgerten Kunden innerlich etwas auf Distanz bringen, der Lehrer wird die lange Notenkonferenz besser durchstehen, der Sachbearbeiter wird die zu bearbeitenden Aktenberge niedriger erleben, der Fabrikarbeiter Anweisungen seines Vorgesetzten lockerer hinnehmen, die Ehefrau den nörgelnden Mann oder die quengeligen Kinder leichter ertragen, der Jugendliche die Erziehungsversuche seiner Eltern»cooler« hinnehmen können etc. Sicherlich wird auch Ihnen spontan eine ganze Reihe von Situationen oder Menschen einfallen, denen Sie nicht aus dem Weg gehen können.

Verbesserte Selbststeuerung und Selbstkontrolle dienen der Streßbewältigung. Sie sind darüber hinaus wesentliche Wirkfaktoren des AT zu einer allgemeinen Gesundheitsförderung und Verbesserung der Gesundheitsbilanz.

Ihr tägliches AT sollte daher wenigstens zwei normale zwei bis dreiminütige Entspannungsübungen beinhalten. Je nach Streßausmaß ist darüber hinaus eine Reihe von Kurzübungen notwendig, um das Streßniveau ausreichend zu senken.

Natürlich sollten parallel zur regelmäßigen Entspannung auch andere Maßnahmen zur gesünderen Lebensführung aufgenommen werden. Wenn Sie zusätzlich auf ausreichende Bewegung und eine ausgewogene Ernährung achten, verbessern Sie nicht nur Ihre Gesundheitsbilanz, sondern verstärken auch die Wirkung des AT durch die günstigen Einflüsse dieser Maßnahmen auf das Vegetative Nervensystem.

Anwendung des AT zur allgemeinen Alltagsbewältigung

Wie wir bereits gesehen haben, ist belastender und gesundheitsbedrohender Streß (Dysstreß) allgegenwärtig. Wir befinden uns heutzutage oft in Mischsituationen, in denen Sympathikus und Parasympathikus gleichzeitig aktiviert sind. Das gesunde Wechselspiel im Vegetativen Nervensystem ist gestört, Erregung kann nicht mehr sinnvoll abgebaut werden. Insbesondere sind es aber länger anhaltende psychische Belastungen (berufliche Überforderung, private Beziehungsprobleme, Zukunftsängste, finanzielle Probleme, Sorgen um die Entwicklung der Kinder, Freizeitstreß etc.), denen wir ausgesetzt sind und denen wir uns nur schlecht entziehen können. Manchmal hilft ein kurzfristiger Ortswechsel, ein Spaziergang, eine sportliche körperliche Betätigung oder das Gespräch mit einer Vertrauensperson, wenn wir Spannungen abbauen wollen. Mittlerweile ist Ihnen sicherlich aber auch deutlich geworden, welche positiven Auswirkungen auf Ihr vegetatives Nervensystem Sie erwarten können, wenn Sie AT-Übungen vorsorglich in Ihren Tagesablauf einplanen: Durch den regelmäßigen gezielten Wechsel zwischen Spannung und Entspannung sinkt die Streßkurve.

AT als alltägliche Gewohnheit

AT ist nicht nur ein ausgezeichnetes Gegengewicht zu äußeren und inneren Stressoren. Es führt uns darüber hinaus zu einem bewußteren Umgang mit uns selbst. Menschen, die täglich Entspannungsübungen durchführen, verändern sich in vieler Hinsicht.

Möglicherweise haben auch Sie inzwischen, ohne daß es Ihnen besonders bewußt geworden ist, schon eine der folgenden Erfahrungen gemacht:

● Wenn Sie regelmäßig AT üben, achten Sie auch sonst im Alltag mehr auf sich und nehmen den eigenen Körper intensiver wahr.

● Die häufigere und bewußtere Wahrnehmung des eigenen Körpers führt dazu, daß wir Spannungen im Muskelbereich und in den vegetativen Organsystemen schneller wahrnehmen.

● Dadurch, daß Sie AT gelernt haben, konnten Sie Ihre persönlichen Fähigkeiten erweitern. Die Möglichkeit, den Entspannungsreflex erfolgreich für sich einsetzen zu können, gibt Ihnen eine grundlegende Sicherheit in vielen Bereichen. Unerwartete Situationen und Belastungen können Sie dadurch besser bewältigen als früher.

● AT stärkt vor allem das Selbstvertrauen in die eigenen Fähigkeiten und wirkt Gefühlen wie Hilflosigkeit und Versagensängsten entgegen. Dieser Zugewinn an persönlicher Kompetenz macht uns in wichtigen Situationen lockerer und erfolgreicher und stärkt unsere Gesamtpersönlichkeit. Es ist einfach ein gutes Gefühl, AT zu können.

Die autogene Grundhaltung

Zusammengefaßt ergeben die verschiedenen Veränderungen das, was wir als *autogene Grundhaltung* bezeichnen möchten. Wir haben zu Beginn dieses Buches festgestellt, daß die Entspannung durch eine Umschaltung im Vegetativen Nervensystem entsteht und sich im Verlaufe des Übens auf den ganzen Organismus ausbreitet. Die körperliche Entspannung wirkt sich dann auch auf die psychische Ebene aus, was ja die Grundlage für die Arbeit mit den Leitsätzen darstellt. Die autogene Grundhaltung bedeutet noch einen weiteren Schritt: Der bewußtere Umgang mit sich selbst bewirkt, daß die zunächst nur auf die Entspannungsübung begrenzten Effekte mehr und mehr auch nach Beendigung der Übung spürbar sind. Es entsteht in uns mit der Zeit eine Grundhaltung, die uns viele Dinge gelassener angehen läßt, ein Teil davon ist auch die mehrfach schon erwähnte affektive Resonanzdämpfung. Das bedeutet aber nicht, daß wir nun völlig abgeklärt, weit abgehoben und entspannt durch das Leben quasi schweben. Nein, wir sind lediglich ruhiger, ausgeglichener und souveräner. Wir haben weniger störende Spannungen und Blockaden in uns und mehr Zugang zu unserer Natürlichkeit und unseren eigenen Kraftressourcen.

Trotz aller Ausgeglichenheit: Unsere Alarmreaktion behalten wir natürlich, sie ist auch heute noch für uns überlebensnotwendig.

Praktische Hinweise für Fortgeschrittene zur Weiterentwicklung des AT

Der Entspannungsreflex ist bei Ihnen jetzt nach längerem Training gut eingeübt.

Im folgenden lernen Sie weitere Elemente des Übungsablaufes kennen und erproben Varianten für Ihren persönlichen Alltag.

Varianten des Übungsablaufes

Das alltägliche Üben außerhalb der eigenen vier Wände ist oftmals nicht in der Standardform möglich. Wir müssen daher Körperhaltung, Übungsablauf und Rücknahme den jeweiligen Gegebenheiten anpassen.

Weitere Übungspositionen

Die angelehnte Sitzhaltung ist außer der Liegeposition sicherlich die bequemste Haltung für das AT. Die Kutscherhaltung ist schon etwas gewöhnungsbedürftig, hat aber den Vorteil, daß sie auch an ungewöhnlicheren Stellen eingesetzt werden kann, z.B. auf einer Treppe (siehe Seite 144).

Etwas schwieriger ist das Üben in der Kutscherhaltung auf einem Tisch sitzend, da uns dabei die unterstützende Wirkung des Bodenkontaktes mit den Füßen fehlt. Sie sollten sich daher auf dem Tisch so weit nach hinten setzen, daß Ihre Kniekehlen leichten Kontakt zur Tischkante haben, die Beine lassen Sie locker herunterbaumeln. Die Entspannung wird in dieser Situation mehr auf den Oberkörper konzentriert (siehe Seite 12).

Eine weitere wichtige Möglichkeit wurde schon mehrfach angesprochen – das Üben im Stehen.

Üben im Stehen

Stellen Sie sich einmal ganz gerade hin, die Beine sind geschlossen. Sie werden bemerken, daß Sie so nicht sehr sicher stehen, sondern nach einiger Zeit beginnen zu schwanken. Dies verstärkt sich noch, wenn Sie die Augen schließen. Nun stellen Sie Ihre Füße ca. 40 cm auseinander und spüren einmal, wie Sie jetzt stehen. Sie müßten sich besser ausbalanciert fühlen, der Körperschwerpunkt wird mehr nach unten verlagert.

Auch das sichere Stehen will also geübt sein. Wenn Sie keine gute Balance haben, kann natürlich auch die Entspannung nicht gelingen. Es empfiehlt sich daher, im Stehen an eine Wand gelehnt zu üben (siehe Seite 92).

Viele Schüler und Berufstätige leiden im Alltag unter Nackenverspannungen. Neben Dehnungs- und Bewegungsübungen kann hierbei das AT unmittelbar hilfreich sein. Während das Üben im Sitzen ohne Kopfstütze nicht selten Schmerzen noch verstärkt, werden Übungspositionen im Stehen, z.B. mit an die Wand gelehntem Rücken und Kopf, als entlastend und schmerzlindernd empfunden. Eine elegante Variante, die sich insbesondere für die Schulter-Nacken-Übung gut eignet, zeigt folgende Abbildung.

Die Übung kann sehr unauffällig im Stehen mit offenen Augen durchgeführt werden, wobei es sinnvoll ist, die Hände auf eine Stuhllehne zu legen. In dieser Haltung können Sie nicht nur Schulter und Nacken, sondern auch andere Bereiche des Rückens gut entspannen.

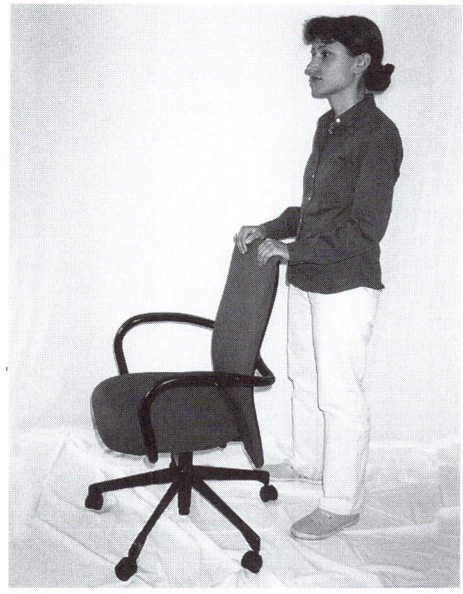

Abb. 28: AT stehend
hinter dem Bürostuhl

Höhenruder und Terminerwachen

Im ersten Kapitel wurde Ihnen das Höhenruder als Mittel zur
Steuerung der Entspannungstiefe und zur besseren Selbstkontrolle in schwierigen Situationen vorgestellt. Sie können sich
vorstellen, daß einem solchen Instrument bei der Alltagsanwen-
dung des AT eine wesentliche Rolle zukommt. Wir haben dadurch die beruhigende Sicherheit, daß wir nicht alles allein über
unsere Konzentration steuern müssen, sondern uns steht ein
einfaches und sehr effektives Hilfsinstrument zur Verfügung.
Das Höhenruder verhindert auch das Einschlafen. Es wäre sicherlich nicht günstig, wenn Sie beispielsweise von Ihrem Chef
im Büro angetroffen würden, während Sie über dem AT einge-
schlafen sind. Neben dem Höhenruder wäre hierbei zu empfehlen, zwischen die Entspannungsformeln immer wieder den Satz
einzustreuen:

- Ich bleibe wach

Will jemand tatsächlich mit dem AT z.B. einen kurzen Mittagsschlaf einleiten, hat aber eine viertel Stunde später einen Termin, hilft das sog. Terminerwachen. Dabei nehmen Sie sich innerlich vor, beispielsweise zehn Minuten nach Beginn der Übung wieder aufzuwachen. Sie verstärken dies durch eine Formel wie:

• Ich bin tief entspannt und in zehn Minuten frisch und wach

Menschen, die gerne mit Bildern arbeiten, können sich auch zusätzlich das Zifferblatt einer Uhr vorstellen und die zehn Minuten bildhaft einprägen. Das Terminerwachen ist bei verschiedenen Personen sehr unterschiedlich wirksam, kann aber durch das AT geschult werden.

AT mit offenen Augen

Das Herbeiführen der Entspannung mit offenen Augen setzt einen gut gelernten Entspannungsreflex voraus. Dies gilt also lediglich für Fortgeschrittene und sollte nicht verwechselt werden mit der Empfehlung, daß ängstliche oder sehr kontrollbedürftige AT-Anfänger zu Beginn mit offenen Augen üben dürfen, um sich an das ungewohnte Gefühl des Loslassens und der Abgabe von Kontrolle zu gewöhnen. AT sollte ansonsten grundsätzlich mit geschlossenen Augen gelernt werden. Insbesondere jedoch in Anwesenheit anderer Menschen ist das AT mit geschlossenen Augen nicht immer möglich. Daher kann man auch in solchen Fällen während der ganzen Übung die Augen offenhalten. Um nicht durch das Sehen abgelenkt zu werden und um die Aufmerksamkeit einzuengen, sollten Sie mit den Augen einen bestimmten Punkt oder Gegenstand fixieren. Nach außen wirkt dies dann so, als würden Sie etwas gedankenabwesend in die Ferne schauen.

Kurzübungen und Teilübungen

Kurzübungen   Sie dienen nicht der tiefen Entspannung, sondern mehr der besseren Selbstkontrolle in schwierigen und belastenden Situationen. Im vorigen Kapitel haben Sie die von uns so genannte Ruck-Zuck-Entspannung kennengelernt. Sie kann im Liegen, Sitzen, Stehen und auch im Gehen (auf ebenem Gelände) durchgeführt werden. Es gibt natürlich viele Variationen davon. Wir haben mit dieser konkreten Form insbesondere auch bei Angst- und Schmerzpatienten sehr gute Erfahrungen gemacht, so daß wir hier keine weiteren Varianten oder andere Kurzübungen vorstellen möchten. Gerade bei Kurzübungen ist es wichtig, bei einer möglichst einfachen Form zu bleiben, nicht zuviel hineinzupacken und den Übungsablauf nicht ständig zu ändern, sonst verlieren sie ihre Wirksamkeit. Während der grundlegende Übungsablauf immer gleich bleiben sollte, wird man die Durchführung der Übung an die jeweilige Situation und Körperhaltung anpassen müssen.

Wir empfehlen daher, die Ruck-Zuck-Entspannung gut einzuüben und neben dem normalen AT oft durchzuführen. Dadurch verstärken Sie die Wirksamkeit dieser Kurzübung.

Teilübungen Dabei wird die Konzentration auf bestimmte Teilbereiche des Körpers gelenkt, um dort eine gezielte Entspannung oder Veränderung herbeizuführen. Dabei werden entweder die Formeln der Organübungen oder Symptomformeln angewendet. Teilübungen dienen vor allem der besseren Kontrolle störender Symptome, die Entspannung wird nicht besonders vertieft. Typisches Beispiel ist die Schulter-Nacken-Übung, die wir auch als Teilübung bei der Stirnkühl-Übung ergänzt haben. Auch Teilübungen können sehr unauffällig durchgeführt werden, wie weiter oben schon ausgeführt wurde.

Die Form der Rücknahme

Oft hören wir von Kursteilnehmern: Entspannen in Anwesenheit anderer Menschen sei eigentlich weniger ein Problem, aber eine kräftige Rücknahme im Sinne der Aktivierung würde doch unangenehme Aufmerksamkeit erregen. Viele sind dann, obwohl entspannt, dennoch gehemmt und nehmen nicht kräftig genug zurück. Wir empfehlen hier den einzelnen, daß sie das Grundprinzip der kräftigen Muskelbewegung in eine unauffällige, aber durchaus aktive und lustvolle Körperdehnung und -streckung weiterentwickeln können.

Eine weitere Möglichkeit ist, daß der zweite Schritt, die tiefe Atmung, besonders verstärkt wird und vornehmlich dadurch die

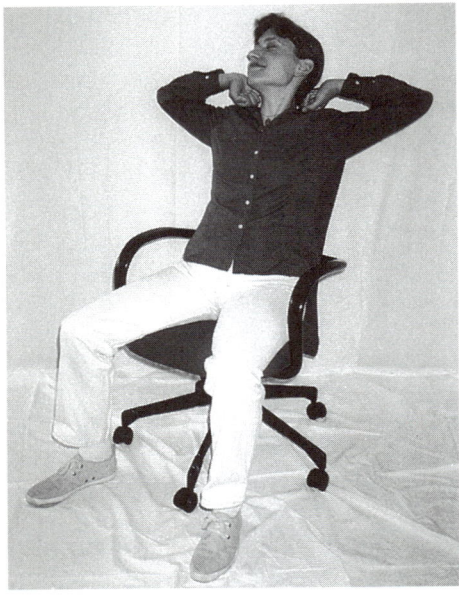

Abb. 29: Die lockere
genußvolle Rücknahme

Aktivierung erfolgt. Manchmal genügt es aber auch, lediglich mehrere kleine Bewegungen mit den Händen oder Füßen durchzuführen, um nach der Übung wieder ausreichend leistungsfähig zu sein. Bei den Kurzentspannungen mit offenen Augen ist eine Rücknahme zumeist nicht notwendig!

Die Integration in den Alltag

Nachdem wir nun eine Reihe von Übungsvariationen kennengelernt haben, wollen wir uns noch einmal der Frage zuwenden: Wie kann ich AT als alltägliche Gewohnheit entwickeln? Folgende Aspekte sollten Sie dabei beachten:

Regelmäßige »feste« tägliche Übungstermine
Es hat sich bewährt, den Tag schon bald nach dem Aufwachen mit AT zu beginnen. Dabei geht es uns weniger um die körperliche Entspannung, denn die haben wir in der Regel durch den gesunden Nachtschlaf gut erreicht. Vielmehr kommt es darauf an,

den Tag positiv und mit einer entspannten inneren Haltung zu beginnen. Die Wichtigkeit eines solchen eher meditativen Tagesbeginns wurde insbesondere auch von den Religionen erkannt und durch Frühmeditation und Morgengebet regelmäßig gepflegt. Durch eine AT-Übung haben Sie die Möglichkeit, die günstigen Effekte eines solchen Tagesbeginns ohne zusätzliche spirituelle Festlegung für sich nutzbar zu machen.

Manche Menschen machen ihre erste Übung noch im Bett direkt nach dem Aufwachen. Für andere ist dies wiederum zu riskant, da sie Gefahr laufen, wieder einzuschlafen. Sie sollten dann eher erst aufstehen und nach der Morgentoilette üben.

Wir haben zum Lernen das regelmäßige Üben während der drei natürlichen Tageseinschnitte (morgens, nach dem Mittagessen und vor dem Einschlafen) empfohlen. Wenn Sie die AT-Übung an eine Tätigkeit koppeln, die Sie sonst auch immer zu dieser Tageszeit durchführen, werden Sie es seltener vergessen. Wir bezeichnen dies als »zeitkontingentes« Üben. Besonders günstig sind immer die Zeiten nach dem Frühstück, Mittag- und Abendessen, da Verdauung ohnehin Aktivierung des Parasympathikus bedeutet. Sie kommen leichter in die Entspannung und tun etwas Gutes für die Darmanregung.

Wann und wo können Sie sonst noch im Tagesverlauf üben

Geeignet für zeitkontingentes Üben ist auch der Weg zur Arbeit (im Bus oder in der Bahn) und die Ankunft am Arbeitsplatz, z.B. im Auto auf dem Parkplatz oder im Büro. Durchforsten Sie einmal Ihren Alltag nach solchen Situationen! Wenn Sie zwei oder drei feste Zeitpunkte jeden Tag haben, werden Sie die allgemeinen Effekte, die die einzelne Übung überdauern und zur autogenen Grundhaltung führen, eher bemerken. Je öfter Sie den Wechsel zwischen Spannung und Entspannung trainieren, desto flexibler und reaktionsfähiger wird Ihr Vegetatives Nervensystem.

Übungsrituale

Für manche Anwendungsbereiche ist es sinnvoll, die Entspannungsübungen in einen umfangreicheren Ablauf mit anderen

Übungselementen einzubauen. Für Schmerzpatienten hat es sich beispielsweise bewährt, vor der Entspannung einige Minuten sanfte Bewegungsübungen durchzuführen, um die Muskulatur dadurch vorab etwas zu lockern. Bei Schlafstörungen wird AT Teil des persönlichen Einschlafrituals, bei Verstopfung ergänzt es andere Hilfen für den erfolgreichen Toilettengang. Im Grunde entspricht auch der Ablauf der Ruck-Zuck-Entspannung einem solchen Übungsritual.

Übungen bei Bedarf

Wir haben schon erwähnt, daß feste Übungstermine die Wirksamkeit der Kurzübungen verbessern, die Sie bei Bedarf durchführen. Es lohnt sich aber auch, sich schon im voraus darüber Gedanken zu machen, wo man die normalen Entspannungsübungen bei Bedarf durchführen kann. Sollten Sie einen unruhigen Arbeitsplatz oder viel Publikumsverkehr haben, müssen Sie sich Rückzugsmöglichkeiten erschließen. Dies kann zur Not auch die Toilette sein.

Wie reagiert die Umgebung auf Ihr AT?

Bisher haben wir immer wieder Überlegungen angestellt und Beispiele gegeben, wie Sie unauffällig, quasi für andere unbemerkt, AT-Übungen durchführen können. Das ist aber eigentlich gar nicht im Sinne des AT. Im Gegenteil, es ist schon allein für das ungestörte Üben wichtig, daß die Umgebung Bescheid weiß. Partner und Kinder (zumindest ab einem gewissen Alter) sollten zu Hause darauf Rücksicht nehmen. Es hat sich hier als hilfreich erwiesen, klare Signale zu geben: Jetzt mache ich meine AT-Übung! Diese Äußerung kann durch ein Schild (Autogenes Training, bitte nicht stören!), das man vor die Tür hängt, ergänzt werden.

Sie sollten sich überlegen, ab wann und in welcher Form Sie Ihrer Umgebung mitteilen, daß Sie jetzt regelmäßig AT machen. Es ist interessant, wie die Freunde und Arbeitskollegen darauf reagieren. Sie erhalten Reaktionen von einem müden Lächeln und abwertenden Bemerkungen bis hin zu anerkennenden Äußerungen und Bewunderung. Nicht selten »gestehen« andere dann ein, daß sie ebenfalls AT gelernt haben oder es immer schon einmal lernen wollten. Unserer Erfahrung nach überwiegen die positiven Reaktionen deutlich.

Wenn Sie AT regelmäßig im Alltag üben, werden Sie es auch in verschiedenen Bereichen zur persönlichen Weiterentwicklung einsetzen können. Am häufigsten findet AT dabei zur Verbesserung der eigenen Leistung in Schule, Beruf oder Sport Anwendung. Auch Ihre kreativen Fähigkeiten können Sie mit AT stärken.

Leistungssteigerung in Schule und Beruf

Die leistungssteigernde Wirkung des AT beruht nicht auf einer zusätzlichen Leistungserhöhung, sondern auf der Ausschaltung von Fehlern und Störungen, die die Leistung beeinträchtigen. AT ermöglicht Ihnen einen Zugang zu Ihren tatsächlich vorhandenen Fähigkeiten. Dies ist ein Effekt, den jeder recht positiv erlebt, der einige Monate AT regelmäßig geübt hat. Der optimale und ungestörte Einsatz der eigenen Ressourcen kann je nach Ausgangssituation (Blockade durch Ängste, mangelndes Selbstwertgefühl, Konflikte mit Eltern, Lehrern, Arbeitskollegen oder Vorgesetzten, Konzentrationsstörungen u.ä.) im Einzelfall eine erhebliche Leistungssteigerung zur Folge haben.

Leistungssteigerung in der Schule

Kinder können schon ab dem vierten Lebensjahr AT lernen. Allerdings sollten bei Kindern und Jugendlichen bestimmte entwicklungspsychologische Einflüsse berücksichtigt werden. Sie stehen immer wieder in einem Spannungsfeld zwischen zwei entgegengesetzten Anforderungen: Einerseits sollen sie lernen, sich anzupassen, sich in Familie, Spielgruppe oder Schule einzuordnen und soziale Verhaltensweisen von Eltern, Erziehern und Lehrern zu übernehmen. Andererseits besteht ein natürlicher Drang nach Freiheit, nach individueller Selbständigkeit. Heranwachsende sind neugierig, unkonventionell und müssen sich und ihre Fähigkeiten ausprobieren. Phasenweise verhalten sie sich leistungskonform, phasenweise aber gehen sie in absolute Opposition und sind gegen alles.

Die Rolle von Autoritätspersonen

Soll AT in der Schule zur Leistungssteigerung eingesetzt werden, müssen diese entgegengesetzten Anforderungen und ihre Folgen für die Beziehung zu den Erwachsenen berücksichtigt werden. Zumeist ist es der Wunsch der Eltern, daß ihre Kinder AT lernen sollen, um ihre Schulleistungen zu verbessern. Häufig werden dabei zusätzlich Erwartungen nach mehr Anpassung des Kindes auch in anderen Bereichen gestellt. Insbesondere sehr ehrgeizige und kontrollierende Eltern bringen dadurch einen Leistungsgedanken in das AT, der sich ungünstig auswirkt. Möglicherweise bewirkt ein solcher Druck genau das Gegenteil: Die Forderung nach mehr Anpassung wird mit Auflehnung beantwortet und gegen das AT gerichtet.

Kinder und Jugendliche sollten daher nicht bei ihren Eltern AT lernen, sondern bei einer neutralen und von beiden akzeptierten Person. Außerdem sollte die Tatsache, daß das Kind AT erlernt, mit dem Lehrer besprochen werden.

Eltern sollten selbst AT lernen!

In vielen Fällen wirkt es sich sogar allein schon günstig aus, wenn die Eltern selbst auch AT lernen. Sie gewinnen dadurch etwas Distanz zu ihren (nicht selten unrealistisch überhöhten) Leistungserwartungen und finden wieder zu einer wohlwollend fördernden Einstellung zu den tatsächlichen Fähigkeiten ihres Kindes. Sofern sich in der Familie dann kein Konkurrenzkampf entwickelt, wer am besten AT kann und am zuverlässigsten übt, sind sie in ihrem Vorgehen dann auch positives Vorbild. Statt Kontrolle entsteht eine Atmosphäre von Loslassen und spielerischem Umgang mit Anforderungen.

Wie erfolgt die Leistungssteigerung?

Im konkreten Vorgehen bei Kindern und Jugendlichen ist zu berücksichtigen, daß sie noch sehr gegenständlich und nicht so abstrakt wie Erwachsene denken. Sie haben eine lebhafte Vorstellungswelt und ihre Einbildungskraft ist noch nicht verkümmert. Gleichzeitig sind sie leichter ablenkbar, eher Stimmungsschwankungen unterworfen, zeigen manchmal wenig Durchhaltevermögen und Konsequenz beim Üben. Daher wird schon bei den Grundübungen mehr Unterstützung von außen gegeben, bei den Organübungen werden über die Formeln hinaus positive Empfindungen verstärkt. Es werden bildhafte Vorstellungen, positive Vorbilder und die Konzentration auf bestimmte Gegenstände eingeführt, bei Kindern werden die Formeln in Märchen oder Geschichten, die vorgelesen werden, eingebettet. Alles läuft weitaus weniger »vernünftig« ab, und die Motivation zum Üben wird immer wieder auf spielerische Art und Weise gefördert. Bei der Entwicklung von Leitsätzen ist es wichtig, auf die Sprache von Jugendlichen einzugehen, auch wenn diese uns Erwachsenen etwas fremd ist, beispielsweise: »Ich bin ganz cool«, »Mathe seh ich easy«, »Entspannung kommt voll gut«, »Ich bin o.k.«, »Toppen (konkurrieren um jeden Preis) unwichtig, eigene Leistung zählt«.

Die wesentlichen Einflußfaktoren für eine Leistungssteigerung sind die Verbesserung von Konzentrationsfähigkeit und Gedächtnisleistung, Stärkung des Selbstwertgefühls sowie die Entwicklung einer positiven Einstellung zur Leistung.

Die Konzentrationsfähigkeit

Die Konzentrationsfähigkeit wird schon durch das Erlernen des AT an sich und die gezielte Schulung der Aufmerksamkeitslenkung positiv beeinflußt. Bei Jugendlichen wird von den Organübungen dabei besonders die Atemübung wegen des Rhythmuserlebnisses gerne eingesetzt. Die Persönlichkeit junger Menschen ist insbesondere durch Stimmungsschwankungen und Gefühle sehr störanfällig. Die Konzentration auf einen Lernstoff gelingt um so besser, je mehr es gelingt, sich gegen unnötige und störende Gedanken und Gefühle abzuschirmen. Dies kann gefördert werden durch bildhafte Formeln wie:

- Störgedanken kommen und gehen wie die Wolken am Himmel oder Störgedanken kommen und gehen wie die Wellen am Strand

Das Lernen und die Vorbereitung auf Prüfungen wird unterstützt durch Formeln wie:

- Lernen fällt leicht
- Ich bleibe konzentriert bei der Sache
- Ich bleibe beim Thema
- Ich arbeite ruhig und konsequent
- Ich halte durch, es lohnt sich
- Jede Stunde vermehrt mein Wissen
- Konzentration gibt Selbstvertrauen

oder mit einer Verstärkung durch Belohnung

- Erst die Arbeit, dann das Vergnügen
- Ich arbeite und freue mich auf …

Als ergänzende Maßnahme zur Förderung der Konzentrationsfähigkeit ist es heutzutage außerordentlich wichtig, sich von der Reizüberflutung durch Medien abzuschirmen und auf einen ausreichenden Schlaf zu achten. Drogeneinnahme wirkt sich besonders ungünstig aus, da hilft dann auch kein AT mehr zur besseren Konzentration.

Die Gedächtnisleistung

Die Gedächtnisleistung ist insbesondere für die Teilnahme am Unterricht und für Prüfungssituationen wichtig. Die Gehirndurchblutung und der Gehirnstoffwechsel können mit AT leider nicht gezielt beeinflußt werden. Auch der Versuch, Lerninhalte im entspannten Zustand, ähnlich wie in Trance, aufzunehmen, führt mit AT nicht zu besseren Ergebnissen.

Nicht das Gedächtnis als solches wird durch die Entspannung verändert, sondern der Zugriff auf Gedächtnisinhalte erleichtert. Denkblockaden werden positiv beeinflußt und die Wiedergabefähigkeit verbessert. Wenn jemand bei einer Prüfung einen »Blackout« hat und sich plötzlich an das Gelernte nicht mehr erinnert, ist dies zumeist durch übermäßige Spannung und Versagensängste bedingt. Dadurch, daß AT Distanz von störenden Ängsten schafft, wirkt es ausgezeichnet gegen Prüfungsängste. Man sollte aber rechtzeitig mit dem Training beginnen, denn z.B. vier Wochen vor der Prüfung ist es sicherlich zu spät, um eine sichere Entspannungsfähigkeit in einer solchen Situation zu erreichen.

Die Stärkung des Selbstwertgefühls

Eine Stärkung des Selbstwertgefühls entsteht bei Schülern oft schon allein aus dem Gefühl heraus, AT zu können. Das erfolgreiche Erlernen des AT an sich sollte als ein Erfolgserlebnis verbucht werden. AT zu können führt zu einer verbesserten Selbststeuerung, schwierigen Situationen ist man nicht mehr so hilflos wie bisher ausgeliefert. Dies gibt dem Schüler das Bewußtsein einer Kontrollmöglichkeit und stärkt das Vertrauen in die eigenen Fähigkeiten. Menschen, die längere Zeit AT üben, erleben sich nicht mehr so abhängig von äußeren Einflüssen und treten selbstbewußter auf. Diese Qualitäten sind für die Mitarbeit im Unterricht, insbesondere aber für Prüfungssituationen, sehr wichtig. Leitsätze sollten hier an der Stärkung des Selbstbewußtseins durch Konzentration auf die eigenen Fähigkeiten ansetzen, das Gefühl der Abhängigkeit vom Prüfer mindern und Ängste und Unterlegenheitsgefühle vor Autoritäten abbauen:

- Ich weiß, was ich kann, ich schaffe es
- Egal wie es läuft, ich bleibe cool (ruhig)
- Ich behalte das Heft in der Hand
- Tief durchatmen und Gedanken fließen lassen
- Der Prüfer (Lehrer, Professor, Vorgesetzter etc.) ist gleichgültig

Während der Teilnahme im Unterricht kann auch recht unauffällig die Ruck-Zuck-Entspannung immer wieder eingesetzt werden.

In der Pubertät haben es Jugendliche oft schwer, einen angemessenen Bezug zum eigenen Körpergefühl zu behalten. Viele Veränderungen werden als fremd und beunruhigend erlebt. Wenn sie in einer solch schwierigen Phase das AT schon können, kann das veränderte Körpergefühl etwas selbstverständlicher in die bisherigen vertrauten Erfahrungen aufgenommen werden.

Positiver Bezug zur Leistung

Positiver Bezug zur Leistung bedeutet, daß der Schüler in die Lage versetzt wird, sich von Leistungserwartungen anderer etwas zu distanzieren. Überhöhter Erwartungsdruck seitens der Eltern beispielsweise ist ein Störfaktor. Seine Rücknahme alleine führt oft schon zur Leistungssteigerung. Der Schüler muß lernen, seine Leistungsfähigkeit selbst realistisch einzuschätzen und eine eigene Leistungsbereitschaft zu entwickeln. Positiver Bezug zur Leistung bedeutet auch ein Stück Freude an den eigenen Fähigkeiten, ähnlich wie im Sport. Verbissene Konkurrenz und Beziehungskonflikte unter den Schülern sind weitere wichtige Störfaktoren für angemessene Leistungsentfaltung. Auch hier kann durch das AT sehr gut eine innere Distanz geschaffen werden.

Leistungssteigerung im Beruf

Auch im beruflichen Leistungsbereich bewirkt AT keine grundsätzlich neuen Fähigkeiten. Wir können damit jedoch blockierte Kraftquellen in unserer Persönlichkeit wieder verfügbar machen und Störfaktoren beeinflussen, die unsere Leistungsfähigkeit behindern.

Probleme der Zusammenarbeit und Konkurrenz

Es ist weniger die reale Arbeitsbelastung, die unser Leistungsvermögen bestimmt. Vielmehr sind es Züge der eigenen Persönlichkeit und Reaktionen in zwischenmenschlichen Beziehungen, die hierbei eine bestimmende Rolle spielen. Besonders ungünstig wirken sich folgende Eigenschaften aus:

Übertriebenes, rücksichtsloses Konkurrenzbedürfnis Menschen, die sehr ehrgeizig sind und sich um jeden Preis durchsetzen, verfügen zumeist über ein hohes Potential an Aggressivität gegenüber Mitarbeitern. Für sie zählen weniger Werte wie Kooperation, Teamarbeit und gemeinsame Leistung. Sie möchten sich mit Ihren eigenen Fähigkeiten profilieren. So wie sie andere Menschen behandeln, so gehen sie auch mit dem eigenen Körper um: Körperliche Symptome werden gern in Kauf genommen, wenn sie als Abfallprodukt einer erfolgreichen beruflichen

Karriere gewertet werden können. Streß- und Alarmreaktion werden nicht als Leiden empfunden, sondern als notwendiger Preis. Nicht selten sind sie stolz darauf, ständig im Streß zu stehen, und oftmals nur begrenzt fähig, sich wirklich zu entspannen. Diese Persönlichkeiten sind zu hohen Leistungen in der Lage, die Anwendung des AT würde bei ihnen zunächst zur Leistungsminderung führen! Sie würden ihr Verhalten kritischer ansehen müssen und die Selbstdestruktivität ihres Leistungsanspruches wahrnehmen. Die unmittelbare Entspannung (das »Nichtstun« während der AT-Übung) erleben sie als unangenehm und entwickeln dabei möglicherweise eher sogar Unruhe.

Mittelfristig zahlen sie einen hohen Preis, da sie sehr krankheitsgefährdet sind. Herzinfarkte, Schlaganfälle, aber auch eine Reihe chronischer Erkrankungen sind die Folge eines derartig ungünstigen Umgangs mit der eigenen Gesundheit. Während sie also mit AT kurzfristig ihren überzogenen Leistungsanspruch reduzieren müßten, würden sie längerfristig ihre Leistungsfähigkeit erhalten.

Unsicherheit und mangelndes Selbstvertrauen Bei diesen Menschen ist der Arbeitsalltag von Angstgefühlen unterschiedlichster Art geprägt: Angst, die geforderte Leistung nicht zu erbringen, nicht zu genügen, schlechter zu sein als die Kollegen, Unsicherheit den Vorgesetzten gegenüber, Überforderung bei Arbeit unter Zeitdruck oder durch bevorstehende Termine und Angst entlassen zu werden lassen ihren beruflichen Alltag zu einer Quelle ständiger Anspannung werden. Solche Menschen, die sich eher als recht abhängig von ihrer Umgebung erleben, profitieren sehr gut vom AT. Ähnlich wie bei den Schülern kommt es bei ihnen darauf an, ihr Selbstbewußtsein zu stärken und Belastungen durch die Umgebung abzubauen. Durch AT lernen sie, sich von ihren Ängsten und Unsicherheiten besser abzuschirmen, erleben die Fähigkeit der Selbststeuerung und gewinnen mehr Kontrolle über ihren Alltag.

Arbeitsstörungen, Redeangst, Angst vor Autoritäten
Unsichere Menschen entwickeln im Laufe der Zeit auch spezielle Probleme wie Arbeitsstörungen, Kontrollzwänge, Redeangst,

Angst vor Autoritäten, Angst, beobachtet zu werden, Angst, in bestimmten Situationen zu versagen. Nicht selten ist in solchen Fällen eine psychotherapeutische Beratung und Behandlung notwendig. Es lohnt sich jedoch durchaus, in solchen Fällen auch das AT gezielt anzuwenden.

Auf die Situation bezogene Symptomformeln oder Leitsätze könnten lauten:

- Eins nach dem anderen
- Gut Ding will Weile haben
- Die Arbeit läuft ruhig und gleichmäßig
- Ich arbeite konsequent und entspannt
- Die Sprache fließt ruhig und sicher
- Ich spreche laut und deutlich
- Ich vertrete meine Meinung
- Ich denke und handle ganz sicher und klar

Streßbewältigung im Arbeitsalltag

Es gibt kaum jemand, der nicht über Streß im Arbeitsalltag klagt. Dabei sind es zumeist weniger die großen Probleme, die den Streß bewirken, sondern vielmehr die vielen kleinen Widrigkeiten des Alltags (daily hassles), die den Streß bewirken. Es ist daher sinnvoll, AT nicht nur zur Beeinflussung der speziellen Probleme, sondern auch allgemein zur besseren Streßbewältigung einzusetzen.

Viele Berufstätige beginnen den Tag schon mit einer negativen Einstellung »Schon wieder ein langer Arbeitstag, was wird heute wohl alles auf mich zukommen, noch drei Tage bis zum Wochenende« etc. Statt solcher negativer Leitsätze sollten Sie sich überlegen, wie Sie den Tag positiver beginnen könnten. So wie ein Einschlafritual Schlafstörungen bessert, so bessert ein Aufstehritual die Einstellung zum Tag. *AT am Morgen vertreibt Kummer und Sorgen.*

Führen Sie schon zu Hause (im Bett, nach dem Duschen, nach dem Frühstück) eine erste kurze AT-Übung durch. Ziel ist dabei nicht die tiefe Entspannung, sondern die Sammlung positiver Kräfte für den Tag. Schließen Sie die Übung mit der Kopfübung ab, damit Sie frisch und aufnahmebereit sind. Menschen mit Neigung zu niedrigem Blutdruck sollten die Übungen zu Tagesbeginn möglichst kurz halten.

Weitere Übungen folgen dann routinemäßig auf dem Weg zur Arbeit (in Bus oder Bahn, natürlich nicht während des Autofahrens), auf dem Parkplatz im Auto etc.

Sie werden merken: AT baut Streß ab, verbessert die Erholungsfähigkeit und beeinflußt wesentlich die psychische Einstellung zur Leistung und führt zu einem entspannteren Umgang mit Kollegen.

Wer den Rücken frei hat, bringt bessere Leistung

Private Sorgen, Konflikte zu Hause, Streß in der Freizeit oder Doppelbelastung durch zusätzliche Tätigkeiten beeinträchtigen unsere Leistungsfähigkeit im beruflichen Alltag. Es gilt also, sich hier den Rücken etwas freizuhalten, anstehende Probleme zu lösen und entsprechende Entlastung zu suchen. Das Privatleben sollte einen entspannenden Ausgleich zum Beruf beinhalten, hier vollzieht sich im großen der Wechsel zwischen Spannung und Entspannung, den wir bei jeder AT-Übung erleben.

Arbeitsbedingungen konkret verändern

Abschließend sei noch einmal betont, daß AT lediglich bewirkt, daß wir persönliche Ressourcen nutzen und Probleme besser anpacken können. AT stellt damit immer nur einen Teil der Problemlösung dar, und es geht keinesfalls darum, sich allen ungünstigen Arbeitsbedingungen einfach unkritisch anzupassen. Im Gegenteil: Oftmals kann es viel sinnvoller sein, das AT zu nutzen, um Kraft und Durchsetzungsvermögen zu entwickeln, um unnötige Belastungen, ungünstige Arbeitsabläufe und reale Mißstände zu verändern. Einen überfordernden Zeitdruck am Fließband verändern Sie nicht durch die Formel »In der Ruhe liegt die Kraft«. Hier könnte der Versuch einer innerbetrieblichen Umsetzung eine deutlichere Entlastung und Entspannung bringen. Manchmal kann es sinnvoller sein, seinem Vorgesetzten einmal die Meinung zu sagen, anstatt den Ärger immer mit der Formel »Chef gleichgültig« herunterzudrücken. Wenn ein rauchender

Kollege die Büroluft verqualmt, helfen klare Regelungen über Fensteröffnungszeiten besser als die Sätze »Qualm gleichgültig« oder »Atmung trotz Qualm ruhig und gleichmäßig«.

Verbesserung im Sport

Im Gegensatz zur Arbeit ist der Sport, auch wenn es ebenfalls um Leistung geht, in weitaus höherem Maße lustbetont. Er ist geprägt von Freude an der Bewegung, von Selbstbestätigung, von Selbstdarstellung und von Kampfgeist als eine sozial akzeptierte Form der Aggression. Beim Sport kann ein in anderen Bereichen nie erreichbares Ausmaß an Leistungssteigerung entwickelt werden. Es gibt viele Beispiele für sportliche Höchstleistungen durch sog. mentale Vorbereitung auf den Wettkampf. Entspannte Konzentration ist ein wichtiger Aspekt einer solchen Vorbereitung.

Was können wir mit AT erreichen?

Je nachdem, ob Sie Wettkampfsport, Ballsport in einer Mannschaft oder Ausdauersport betreiben, ergeben sich unterschiedliche Anwendungsmöglichkeiten.

Wettkampfsport

Für den Wettkampf ist ein mittleres Spannungsniveau die günstigste Voraussetzung für eine optimale persönliche Leistung. Wir sollten gut einsatzbereit, aber nicht übermotiviert sein, die Aufregung sollte sich in Grenzen halten. Durch den Einsatz des AT beeinflussen wir sowohl unsere Einstellung wie auch unsere körperliche Leistung. Erwartungsspannung, Versagensängste sowie Schlaf- und Konzentrationsstörungen im Vorfeld werden abgebaut, das Lampenfieber reduziert. Unmittelbar vor dem Wettkampf ist es besonders wichtig, Verkrampfungen zu lösen, um z.B. beim Start reaktionsschnell genug zu sein. Durch AT erreichen wir eine optimale Abstimmung des Krafteinsatzes zur richtigen Zeit (Konzentrationslenkung) und damit eine Verbesserung unserer Muskelleistung.

Je nach Sportart können Leitsätze gebildet werden:

- Ich starte schnell und flüssig
- Ich ziele und treffe
- Ich stoße (werfe) ganz flüssig und kraftvoll
- Ich konzentriere meine Kraft
- Ich gebe mein Bestes
- Ich gewinne, Gegner gleichgültig

Mannschaftssport

Beim Mannschaftssport kommt es nicht auf die persönliche Best-leistung, sondern auf eine gute Abstimmung des gesamten Teams an. Reaktionsschnelligkeit, gute Wahrnehmungsfähig-keit, Kontakt zu den Mitspielern, guter Überblick sind wichtige Qualitäten. Die Mannschaft als Gesamtes gewinnt, Profilierung einzelner führt zur Leistungsminderung. Leitsätze sollten daher am ehesten in Richtung des gemeinsamen Ziels formuliert wer-den. Jedes Team hat solche Sätze, auf die alle Spieler vor dem Wettkampf noch einmal eingeschworen werden. Für den Mann-schaftssport eignen sich Übungen mit dem Atemrhythmus be-sonders gut zur Konzentration auf die Leistungssteigerung.

Ausdauersport

Ausdauersportarten wie Wandern, Jogging, Radfahren, Ski-langlauf, Rudern wird eine eigene entspannende Wirkung zuge-schrieben. Durch den monotonen Rhythmus und das gleichblei-bende Niveau der Muskelarbeit entstehen in unserem psychi-schen Erleben ähnliche Phänomene wie bei der Entspannung. Marathonläufer fallen sogar in regelrechte Trancezustände. Lei-stungssteigerung bezieht sich hier insbesondere auf das Durch-haltevermögen:

- Meine Kraft führt zum Ziel
- Training macht Spaß
- Ich trainiere konsequent
- Ich laufe locker und gebe alles
- Ich laufe flüssig, frei und locker
- Ich halte durch

Das Ziel beim Sport muß jedoch nicht immer in der Leistungssteigerung bestehen. Das AT kann in Form von Teilübungen auch zur besseren Befindlichkeit genutzt werden. Skiläufer konzentrieren sich auf warme Füße beim Sesselliftfahren, Läufer auf kühle Stirn während des Joggens. Der Autor nutzt beim Skilanglauf die Formel »Hände strömend warm« mit gutem Erfolg.

Zu mehr Kreativität durch AT

Kreativität ist eine Eigenschaft, die man nicht lernen muß. Jeder Mensch kann zu bestimmten Zeiten unter bestimmten Bedingungen kreativ sein. Wenn Sie erleben wollen, was Kreativität ist, dann beobachten Sie einfach einmal spielende Kinder. Die Art und Weise, wie sie miteinander umgehen, wie sie ihre Umgebung nutzen, wie sie Grenzen des »vernünftigen« Denkens überschreiten, das ist kreativ. Dabei spielen Begriffe wie Phantasie, Traumwelt, Spontaneität, Vielfalt ohne Grenzen eine Rolle. Kinder denken und fühlen assoziativ, Verstand und Gefühl sind nicht getrennt, sondern vermischt, die Wirklichkeit wird so gestaltet, wie man sie gerade braucht, Regeln werden ignoriert bzw. immer wieder neu geschaffen. Kinder denken und fühlen in Bildern und schaffen sich in Traumwelten eine eigene Wirklichkeit. Erwachsene dagegen – na gut, lassen wir das. Hinsichtlich Kreativität fällt die Bilanz für uns ungünstig aus.

Wo ist die Verbindung zwischen AT und Kreativität?

Was kann das AT leisten? Viele neue Ideen oder Erfindungen sind nicht durch angestrengt zielstrebiges Nachdenken entwickelt worden, sondern Ergebnis eines spontanen, meist bildhaften Einfalls. Manchmal finden wir sogar eine Lösung während des Schlafs im Traum. Zu starkes Wollen engt unser Denken offensichtlich ein, in der Distanz sind wir kreativer.

Genau dieses bewirkt auch das AT: Im Zustand der Ruhe und Entspannung tritt die Wahrnehmung der Umgebung zurück, und wir sind in einer Art freischwebender Aufmerksamkeit auf uns selbst konzentriert. Wenn wir im Training etwas fortgeschrittener sind, können wir interessante Dinge beobachten. Es bilden sich in uns Farbeindrücke und Bilder, traumähnliche Erinnerungen steigen auf, wir hängen irgendwelchen spontanen Gedanken oder Ideen nach etc. Manche Abläufe während der AT-Übung haben Ähnlichkeit mit unserem Nachttraum. Während der Übung tritt das vernunftgesteuerte Denken in den Hintergrund, Gedanken und Gefühle vermischen sich oft mit Bildern und plötzlichen Einfällen. Das ganze Erleben ähnelt sehr stark dem der Kinder wie es oben ausgeführt wurde, der wesentliche Unterschied ist jedoch, daß wir dieses Erleben mit der Erfahrung eines Erwachsenen aufnehmen und verwerten können.

Wie können Sie Ihre Kreativität durch AT fördern?

Schon in der Grundstufe des AT berichten manche Gruppenteilnehmer über Erlebnisse (Körperempfindungen, Gedanken, Bilder, Farben, Erinnerungen etc.), die spontan und ohne Absicht in ihnen entstanden sind. Die Reaktionen darauf sind unterschiedlich. Manche finden die Erlebnisse interessant, andere wiederum sind besorgt, was da mit ihnen passiert. Jeder kann nun für sich entscheiden: Sind mir solche Ereignisse lästig, dann lenke ich meine Aufmerksamkeit weg davon auf andere Entspannungserlebnisse. Oder möchte ich mich solchen spontanen Bildern und Gedanken mehr zuwenden, dann versuche ich die Kontrolle darüber loszulassen und achte vermehrt darauf. Auf diese Weise entwickelt sich eine innere Bereitschaft zur Kreativität. Wichtig ist dabei jedoch, die Aufmerksamkeit nicht zu intensiv darauf zu lenken, damit keine zu hohe Erwartungsspannung entsteht. Zu starkes Wollen unterdrückt die Spontaneität.

Was können Sie sonst noch gezielt unternehmen?

Günstige äußere Übungsbedingungen schaffen

Um uns wirklich tief entspannen zu können, müssen wir in einer sicheren Umgebung sein. Wir benötigen Ruhe und die Gewißheit, daß uns niemand stören wird, sonst bleiben wir zu sehr im Kontrollbedürfnis. Suchen Sie sich einen wohltemperierten, nicht zu hellen Raum mit Sessel oder Bett, das Telefon sollte abgeschaltet sein. Sie sollten genug Zeit einplanen und sich bewußt machen, ob Sie ausreichend Kontrolle abgeben können. Die Rücknahme ist natürlich auch aus tieferer Entspannung jederzeit möglich und Sie haben außerdem das Höhenruder als Steuerungsinstrument.

Einen sicheren inneren Ort suchen

Wenn Sie sich auf Ihre eigene Erlebniswelt konzentrieren, können Sie nicht sicher sein, daß es immer angenehme Gedanken und schöne Bilder sind, die in Ihnen aufsteigen. Ungewohnte Erlebnisse ängstigen manche Menschen und können dann schnell zu Blockaden führen. Es daher empfehlenswert, sich vorab einen sicheren inneren Ort zu suchen, den Sie zur Not »aufsuchen« können. Das bedeutet, daß Sie einige AT-Übungen lang die möglichst bildhafte Vorstellung eines Ortes entwickeln, an dem Sie sich sicher und geborgen fühlen. Das kann ein bequemer Sessel, ein Bett, ein Raum, eine Rettungsleine oder ein Rettungsboot, die Vorstellung einer vertrauten Person oder auch ein Urlaubsort sein. Die Aufmerksamkeitslenkung auf diesen Ort sollte zuverlässig funktionieren. Mit dieser Sicherheit im Hintergrund können Sie sich leichter auf Ihre innere Erlebniswelt einlassen.

Bewußt Distanz zur Realität schaffen

Je besser Sie sich von Umgebungseinflüssen abwenden und Ihre Wahrnehmung nach innen lenken können, desto eher werden Sie dort auch etwas wahrnehmen. Wenn Sie sich einen sicheren Übungsort gesucht haben, wird Ihnen dies leichter gelingen. Distanz zur Realität bedeutet aber auch Ausstieg aus dem Alltag. Wenn Sie Sorgen haben, bestimmte wichtige Aufgaben noch erledigt werden müssen, gerade eine Auseinandersetzung mit Ihrem Vorgesetzten hatten oder andere Gründe bestehen, weswegen Sie sich ein Abschalten nicht leisten können, wird es Ihnen schwieriger gelingen, sich einem tieferen Entspannungszustand zu überlassen. Das heißt: Zuerst anstehende Dinge erledigen oder wenigstens aufschreiben, Sorgen und Probleme zunächst bewußt zurückstellen!

Verstärkung des bildhaften Denkens

Die Fähigkeit, sich auf tagtraumähnliche Situationen einzulassen, muß langsam entwickelt werden. Anfangs erleben wir lediglich einfache Bilder und kurze Szenen. Im Laufe der Zeit bildet sich die Fähigkeit des bildhaften Denkens immer mehr heraus. Jeder entwickelt seine eigenen Vorgehensweisen, wie er die Aufmerksamkeit auf Farben und Bilder lenken kann. Ein Kursteilnehmer ließ zu Beginn der Entspannung beispielsweise immer in gleicher Form eine Art Filmvorspann innerlich ablaufen und brachte sich dadurch schnell in ein bildhaftes Erleben. Auch die innere Konzentration auf einen Gegenstand oder ein Ruhebild kann die bildhaften Vorstellungen einleiten.

Assoziatives Denken

Ähnlich wie an das bildhafte Erleben muß man sich auch an ein assoziatives Denken gewöhnen. Als eine recht gute Möglichkeit bietet sich dabei an, wenn Sie versuchen, Ihre inneren Bilder gleichzeitig sprachlich zu begleiten und zu kommentieren. Die Bilder dienen quasi als Schiene für das unkontrollierte und aneinandergereihte Denken. Dadurch werden freie Denkideen gefördert, und auch unlogische Gedanken können an die Bilder angehängt werden. Sie können sich ebenso darin üben, möglichst originelle Überschriften und Kommentare zu verfassen. Eine gute Übung für assoziatives Denken sind Wortspielereien, z.B. ähnlich lautende Worte oder Reime aneinanderreihen. Ihrer Phantasie sind keine Grenzen gesetzt.

Wir haben damit die Rahmenbedingungen abgesteckt, unter denen sich kreative Erlebnisse günstig entwickeln können. Es würde dem Grundgedanken der Kreativität widersprechen, wenn wir hier darüber hinaus weitere Anregungen oder gar Anweisungen geben würden. Kreativ sein müssen Sie schon selber! Auch wozu Sie Ihren Zugewinn an Kreativität verwenden, bleibt Ihnen überlassen.

Resümee

Trotz seiner vielfältigen Möglichkeiten ist Autogenes Training an sich nichts Besonderes und keinesfalls eine Art Wundermittel. Was Sie persönlich daraus machen, liegt allein in Ihrer Hand. Es ist eine genial einfache Methode, die eigenen Kräfte zu wecken und für die persönliche Entwicklung nutzbar zu machen. Dieses Buch ist aus den Eigenerfahrungen des Autors und insbesondere aus der Zusammenarbeit mit vielen Menschen entstanden, die durch das AT positive Veränderungen erlebt haben. Das Grundprinzip dabei ist sehr schön in folgender orientalischer Weisheit ausgedrückt, mit der wir dieses Buch schließen wollen:

- Gibst du jemandem einen Fisch, nährt er sich einmal, lehrst du ihn das Fischen, nährt er sich für immer.

Informationen über AT und weiterführende Literatur

Informationen über Autogenes Training, über qualifizierte Kursleiter und Therapeuten sowie über Weiterbildungsmöglichkeiten für bestimmte Berufsgruppen (Lehrer, Sozialarbeiter, Erzieher etc.) erhalten Sie bei der

Deutschen Gesellschaft für ärztliche Hypnose
und Autogenes Training (DGÄHAT)
Postfach 5028
32457 Porta Westfalica

sowie bei der

Psychologischen Fachgruppe für Autogenes Training
& Progressive Relaxation (BDP)
Geschäftsstelle Römerstraße 21
80801 München

(Bitte Rückporto in Höhe von DM 3,– beilegen)

Literatur

Binder, Helmut und Binder, Klaus: Autogenes Training – Basis-psychotherapeutikum. Deutscher Ärzteverlag, Köln 1998.

Brenner, Helmut: Das große Buch der Entspannungsverfahren. Humboldt-Taschenbuchverlag, München 1989.

Hoffmann, Bernt: Handbuch Autogenes Training – Grundlagen, Technik, Anwendung. dtv, München 1997.

Kaluza, Gert: Gelassen und sicher im Streß. Springer Berlin, Heidelberg, New York 1996.

Kraft, Hartmut: Autogenes Training – Methodik, Didaktik und Psychodynamik. Hippokrates Verlag, Stuttgart 1996.

Krampen, Günter: Einführungskurse zum Autogenen Training. Verlag für Angewandte Psychologie Göttingen, Stuttgart 1998.

Ohm, Dietmar: Psyche, Verhalten und Gesundheit. TRIAS Verlag, Stuttgart 1990.

Schultz, Johannes Heinrich: Das autogene Training – Konzentrative Selbstentspannung. Georg Thieme Verlag, Stuttgart, New York 1982.

Thomas, Klaus: Praxis des Autogenen Trainings – Selbsthypnose nach J.H. Schultz. TRIAS Verlag, Stuttgart 1989.

Sachverzeichnis